Herman Wette

Westfälische Gedichte

Herman Wette

Westfälische Gedichte

ISBN/EAN: 9783743327528

Hergestellt in Europa, USA, Kanada, Australien, Japan

Cover: Foto ©ninafisch / pixelio.de

Manufactured and distributed by brebook publishing software (www.brebook.com)

Herman Wette

Westfälische Gedichte

Westfälische Gedichte

von

Hermann Wette

Zweite Auflage

Mit dem Bildnis des Verfassers

Berlin, Köln, Leipzig.
Verlag von Albert Ahn.

Dem

Andenken meiner Eltern.

Inhalts-Verzeichniß.

Gedichte:

	Seite
Maidag	3
De Härgott sin Gärner	4
Twee Rätsels	6
Bur, holl stur!	7
Lewerink	8
Mond un Abendstärnken	10
En graut Unglück	12
Op jedweden Teewen — En Spielmusikant	14
Min Mäken sin Utstür	16
Waigenleedkes	19

Wat de Wind vertellt.*

De Wind	23
Aprilwind	24
Stilltanfräden	25
Dull Tüg	26
O wunderschöne Summernacht	28
De Wolken	29
Hermänneken un Mariänneken	30
De Kartenspielers	34
Ne olle Geschicht	35
En Lährstück opt Kamsöleken	36

* Unter dem Titel **Was der Wind erzählt** sind die folgenden Dichtungen früher in demselben Verlage erschienen und nun vergriffen.

	Seite
Nicks in Natur, nicks in de Welt	38
Maienſang	42
Sängers Daut	43
Stille Laifde	44
Härgottspärdken	45
Mauder-ſälig-alleen	46
Windſtille	47
Graut was de Nant	48
Schön Lisbet	50
Müljans	51
Läbensmö	56
Twee Kinnerdönkes	59
De ſtille Hottemann	62
De gude Dat	63
Dat Gewitter	64
De Härfſt	68
Graf Eckbärt	69
Tau late	73
De rugge Wilm	74
Winter	78
Vergiewens	79
Ellernlaifde	80
Dat Sniderdönken	81
Draum un Würkelkait	83
Wu de Muſik von'n Hiemel kam	85
Dat hauge Leed an't Vaterland	88
Dat Läbens-Blatt	89
Wörter-Verzeichniß	95

Gedichte.

	Seite
Nicks in Natur, nicks in de Welt	38
Maiensang	42
Sängers Daut	43
Stille Laifde	44
Härgottspärdken	45
Mander-sälig-alleen	46
Windstille	47
Graut was de Nant	48
Schön Lisbet	50
Müljans	51
Läbensmö	56
Twee Kinnerdönkes	59
De stille Hottemann	62
De gude Dat	63
Dat Gewitter	64
De Härfst	68
Graf Eckbärt	69
Tau late	73
De rugge Wilm	74
Winter	78
Vergiewens	79
Ellernlaifde	80
Dat Sniderdönken	81
Draum un Würkelkait	83
Wu de Musik von'n Hiemel kam	85
Dat hauge Leed an't Vaterland	88
Dat Läbens-Blatt	89
Wörter-Verzeichniß	95

Gedichte.

Maidag.

Maidag, wo büs du denn?
Segg mi doch, wo blifs du denn?
Liggs du no in daipen Slap,
Un wi hö't hir al de Schap?

Maidag, so hör doch to,
Wacker op un täum nich so!
Wees nich, dat de Kuckuck schrait
Un dat klain Diölken blaiht?

Maidag, de Märt is ut,
Kick es ut de Är herut!
Kine Köll mär döt di wat,
Kin Aprilschur gütt di natt.

Maidag, du Wunnermann,
Gau treck't gröne Bücksken an
Un den bunten Blaumenrock
Un bekräns di Haut un Stock!

De Härgott sin Gärner.

Herut ut de Hüser, gau, Kinnerkes, gau,
Besaiht ju dat Wunner hier buten, kumt tau:
De Härgott sin Gärner, de nüdlike Fant,
De laislike Maidag is kumen in't Land.
Is flogen vom Hiemel heraf op de Är,
Sall't schön hier us maken, so will et de Här.
Den Winter, den Brummbär, so grof un so butt,
Den mag he nich liden, drüm dreef he em futt.
Nu ower — jau, Kinner, nu kikt ju't es an,
Kikt, wat doch de Maidag nich alles kann!
Wo ümmer he henkümt, allöwerall lacht
In Wöller un Feller de härlikste Pracht.
So eben no grisig, un nu al so grön,
Un Blaumen dotüsken, so bunt un so schön:
Kum dat met dat Schütken en Löcksken he mäck,
Sofats auk en Bläumken den Kopp herutstäck
Un lacht em so fröndlik un nikköppt em an,
Äs woll et em seggen: „Du laislike Mann,
Wu frai'k mi, dat endlik vom Hiemel wier küms
Un't Slot von min Hüsken herunner wier nims!
Un nümmer bliff täumig de flitige Mann —
Jä, Kinner, da niemt ju en Bispiel dran:
Kikt, wu he hanteeret, so hennig un gau,
Un gar nich verdraitlik, he singt no dotau;
Nicks wät em tau sur, alls gaiht em so licht,
Em lacht bi de Arbait dat ganse Gesicht.
De Hiegen un Strüker, de hät he nu t'recht,
Un't will mi schinen, he mot et nich slecht:

Dat glänſt un gläut in bunten Schin,
Dat rück ſo ſchön, dat rück ſo fin —
Män ſegg es, al wedder en Wunner parat?
Jaujau, för de Bieke den Firdagsſtat,
för de luſtige Bieke den Blaumenkrans,
Den ſall ſe ſik ümdon, et gaiht jä taum Dans,
Taum Dans hophopſa! dör Wisken un Feld,
Taum Dans in de härlike Härgottswelt.
Da frait et ſik owwer, dat glückelke Wicht!
Wu blinkt in de Sunn är dat blanke Geſicht!
Wu munter ſe gnüggelt, wu luſtig ſe lacht,
Se draff jä wier danſen bi Dag un bi Nacht!
Un wu nu davonlöpt de nüdlike Deern,
Röpt Kuckuck! de Maidag — he ſpaßt jä ſo gern —
Un Kuckuck! ſo klingt et boll hier un boll da,
Un Kuckuck! ſo ſchallt et boll wit un boll nah.
Här Maidag appattens laip gau in den Wold
Un blöß op de Flaitpip von Sippeſappholt.
O Wunnermann! Kum fängs tau flaiten du an,
Kin Vugel da länger mär ſtill ſwigen kann:
Dat pipet un prahlet, dat kriſchet un krait,
Dat jippet un juchet, dat tutet un ſchrait,
Dat klinget un ſinget de Bäum hendal,
Trompetet un ſmettert dör Bärg un Dal:
Här Maidag! Här Maidag! we hät di dat lährt?
De Wunner, wo häs du de ſaihen un hört?
Wat läwet un wäwet, glückſälig nu lacht,
Den Hiemel häs du op de Ärde us bracht!
O hiemliske Gärner — Män Dunner, ſegg an,
Wo is he denn bliewen, de Wunnermann?

Al boben am Hiemel? Al haug in de Höcht?
Dat möck appat wieten, of dat auk wul döcht:
He mäck jä den Hiemel so gris un so swatt,
He gneeset so grülik — wat sall mi denn dat?
Täuf, täuf män, du Racker! du güß us jä natt,
Du splenters un plärs us jä natt äs ne Katt!
Gau Kinnerkes! gau de Müsk von'n Kopp,
Här Maidag gütt ju den Mairägen drop;
Un wär't ji von unnen büs boben auk natt,
För't Wassen, dat gläuft mi, da batt et appat!

Twee Råtsels.

Ik kenn en Kättken, dat nich klait,
Nich must un auk miau! nich schrait,
Den Kopp in kinen Mälkpott stäck
Auk kinen Vugel bange mäck.

Wenn't auk kin Müs' un Ratten frätt,
Doch Jeder laif dat Kättken hät;
Dat Kättken op de Bäume löpt,
Wenn ut'n Busk de Kuckuck röpt.

Weidenkätzchen.

Ik weet en stillen Wäwersmann,
De wäft so schön as't kiner kann;
De sitt da gient an Hiemelsrand
Un würkt en Kleed met flinke Hand.

He mäck dat schönste swatte Dauk
Un hiemelblaen Sammet auk,
Un gülden Litsen breet un graut,
De blinkt un blenkert purpurraut.

He stickt ut sülwern Sid un Twärn
Dat Mönoken un de dusend Stärn,
De sett't met stillvergnögten Sinn
He in dat swatte Dauk herin.

Soball as't buten düster wät,
De Welt nicks mär te dauen hät,
Treckt he är an dat Stärnenkleed
Un singt datau en Waigenleed.

Ringsüm wät alles rüg un still,
Nicks mär sik röhr'n un weggen will —
He röpt no sinnig: „Gude Nacht!"
Un Alles slöpt dann week un sacht.

Der Abend.

Bur, holl stur!

Min Fell is grof,
Min Härt is fin,
Ik mögg üm Alls
Nich anners sin.

Ik sin en Bur
Vom platten Land,
Häf Hansken nich
An mine Hand.

Doch Holsken dräg
Ik an min Föt,
Den Härgott dräg
Ik in't Gemöt.

O wahr di, Här,
Vörn growen Bur;
Wo de di päck,
Da hält he stur!

Lewerink.

Du küms vom Hiemel doch gewiß,
Nich wahr, min laiwe Lewerink?
De Härgottsbode sölwer büs,
Nich wahr, min lütte Flaigeflink?

Du stigs un flügs den gansen Dag
De Hiemelsledder op un af,
Sings Morgens sölfs Frau Sunne wach,
Wenn't Möndken nich mär löchten draf.

„Frau Sunn wakt op! Frau Sunn, wakt op!
De Landmann treckt da gient heran.
Frau Sunn, de Nachtmüsk gau vom Kopp,
Süs lacht ink ut de brawe Mann!"

Frau Sunn nich tweemol wecken lät:
Süh da! wu hennig, flink un gau,
Dat Alles fin un suber wät,
Hanteert un schafft de wackre Frau!

Den Hiemel hät's al blinke-blank,
De Niewel futt ut Bärg un Dal,
Nu weckt de Vügel se taum Sang —
Kwick Läben brengt se öwerall.

Du owwer flügs herunner wier
Un röps: Gott help di, Landmann, gau!
De Arbait füllt di Schopp un Schür,
Gott help di, Landmann, wacker tau!

Erst hät de Plaug met klauken Sinn
Taum Winterslap de Bettkes makt:
Satkörnkes kröpen da herin,
Üm Maidag sind se oppewakt.

No högger as din Suhn, süh an,
Staiht nu de gäle ripe Sat;
So lauhnt de Arbait brawen Mann,
Süh, wat se nikköppt stif un stat!

Gott help! nu dängel dine Sais,
För Stadt un Land schaff Braud, o Bur!
Dat owwer jau nich stille staihs,
Frau Sunne süht't, se ligg op Lur!

Gott help! Gott help! röps Allen tau,
Un Alle frait sik, wenn se't hört.
De Arbait gaiht no mol so gau
Bi söcke fröndlich gude Wörd.

Kümt dann de Jmt met korte Rast,
Röps wier: Gott säg'n di't, Ackersmann!
Wu smäck Taihnührken na de Last
Un erst dat Tabackspipken dann!

Gott lauhn't, min laiwe Lewerink!
Jawul, du büs us beste Fründ;
Män't beste Körnken, Flaigeflink,
Wi Landlü di auk gärne günnt.

Gott lauhn din laiwen Morgensang —
Süh da, flügs wier na'n Hiemel hen?
Dat dau! för all dat Gut segg Dank,
Dat he us gaf met vulle Hänn!

Mond un Abendstärnken.

Gud'n Abend, gud'n Abend, min laiwe Man
Stiggs endlik auk tau Höchten?
Wo blifs du denn so lang te gahn?
Kumm tau, du moß us löchten.

Kumm, lat de Stärnkes nich alleen,
Wis är den Wäg an'n Hiemel,
Damet är jau nich bitt in't Been
De graute Bär, de Lümmel!

Kumm, löcht de Blaumen un de Sat,
Damet se wassen könnet,
Süs morgen, wenn's nich fin und stat,
Frau Sunne grülik schennet! —

Du trus di nich? Ai sapperlaut!
Kick tau, din laiwe Deernken,
Dagient in gülden Abendraut
Da staiht dat Abendstärnken.

So kick doch, wu et winkt un winkt,
As woll't in Laif vergahen,
Wu't Aug' em funkelt, blitst un blinkt,
As söll et Flammen slaen!

Caum Düker, wees nich, wat et will?
Et is jä trügge bliewen,
Et wocht't op di un staiht da still
Un mögg di'n Mülken giewen.

Wat? Ridders, biefs an'n gansen Lif
Un wäs gans bleek vör Schrecken,
Et mögg Frau Sunn, dat böse Wif,
Di gliks een dröwer trecken?

Du Angstebücks! Frau Sunn is futt,
De kann di nich mär saihen;
De Abendklokken häft al lutt,
Nicks kann di mär geschaihen.

So laup doch, wat du laupen kanns,
Süs gaiht na Hus din Deernken,
Süs mott, du olle Drümelhans,
Cau Berr dat smucke Stärnken!

Nene, nu segg'k doch gar nicks mär:
He lät et wärklik gahen,
As wenn he Bli in'n Liwe härr,
So blif de Slipstärt stahen!

Da kick! Nu is dat Stärnken futt!
Dat is di recht geschaihen,
Nu frigg alleen, du Gneeseputt,
Un hör de Ulen schraien! —

Jeßjau! Käm so min Unsefi,
Ick wör mi fats im Klaren,
Käm auk de Ollsk un schimpte mi
Un pöck mi bi de Ohren.

En graut Unglück.

Deernken! Deernken! segg, wat dais du?
O vergief't är, laiwe Gott,
Dat se met de Düfersaugen
In min Härt en Für hät bott.

Jau, en Für so heet un glainig,
Dat ik bang sin, alls verbrennt:
Kann't doch't Water all nich dömpen,
Dat ut mine Augen rennt!

* * *

Tau Hölp, tau Hölp! Et brennt, et brennt!
Min Härt staiht gans in Flammen!
Dat Für dör alle Glieder rennt,
Slät öwer'n Kopp tausammen!

O Dader, Mauder, Süster laupt —
O könn'k doch sölwer rennen —
Laupt hennig, laupt, Marjännken raupt,
Süs mock no gans verbrennen!

Marjännken ist, de Köhlung hät,
So'n nüdlich Köhle-Külken —
O segt är, dat se nich vergät:
Dat raude söte Mülken!

* * *

Wat büs du doch en Lichtfink, Härt,
Dat du de Dör laits open!
Nu häs din Straf: De Fräden futt,
Op't Wierkumen drafs nich hopen.

Nu hät en Schelm sik in di sett't,
En Schelm vull lütter Nücken,
De röpt boll hott! de röpt boll har!
Lät baigen di un bücken.

Un woß nich gans verlaten sin,
Moß bäden no un bitten:
O söte, laiwe Deernken min,
Blif doch in Härten sitten!

Op jedweden Teewen — En Spielmusikant.

Kick, kick es, da trippelt
Se öwer de Strat,
Nu kick, wu se trappelt
So fin un so stat!

As spielde de Mussik,
So danst se dahär,
As flög se met Flitken
Hen öwer de Ür.

De wittrauden Bäckskes,
So frisk un gesund,
As Pärsken in'n Summer
So nüdlik un rund!

Nu kick, wu de Racker
De Täne mi wiß!
Segg, könn i auk biten?
Gans sieker gewiß!

„Gud'n Morgen!" Wu't Händken
So patsig mi winkt!
Ik föhl't, in de Strümpe
Dat Härte mi sinkt.

Of't Händken wul kratset?
O wüß icke dat!
Ik green un ik lachde
De Augen mi natt!

De blitsblanken Kikers —
O Gott stah mi bi —
As wollen se brennen,
So prückert de mi!

Män Dunner, wat saih ik?
Da staiht se jä still!
Dat mock appat wieten,
Wat de von är will.

Wu gaiht är dat Mülken
So gibbelig gau,
Wu't krusblunde Köppcken
Nikköppet datau!

Wat? Strickels nu auk no
Den Ollen de Hand?
Ik glöf, ik verlais no
Min bietken Verstand!

Gott sägn' di, dat olt büs,
So olt as är Var,
Süs, Männken, de Härgott
De Knoken di wahr!

Nu dänselt se wider —
O Jessesmariau!
Se trippelt, se trappelt
Jä jüst op mi tau!

Du trippels, as härrs du
Schwernäuter, du Fant,
Op jedweden Tewen
En Spielmusikant!

Du trappels mi siker
Ut Rand un ut Band —
Ik gief mi an't Laupen,
De Düker holl Stand!

Min Mäken sin Utstür.

Min Mäken hät en Hüsken,
Von Holt nich, nich von Steen,
Kin Timmermann hät't maket,
Un doch is't wunnerschön.

Da schafft en lütken Engel
Puckpuck! bi Dag un Nacht:
Dat is de laiwe Frohsinn,
De alltid fröndlik lacht!

* * *

Twee Kammern hät min Mäken
Dat segg kin Menskenmund,
Von Glas so schön un prächtig
Äs't blae Hiemelsrund.

Dör blanke Fenster kiket
De Laifde un de Trü,
De nikket mi un winket:
„Wu laif doch häwwi di!"

* * *

Twee Mägde owwer daint är,
So gif't nich wit un sit,
So hennig, gau un flitig
Un suber doch alltid.

De netten drallen Dinger,
Op Arbait blot bedacht,
Schafft met de Puddelfinger
Büs in de late Nacht.

* * *

Auk hät min Kind en Spinnrad,
Dat suset di so flink,
Dat bliff nich stille stahen,
Et is en snackig Ding.

Dat spinnet all de Wörtkes,
De mi so laiflik klingt,
As Engelkes im Hiemel
Gewiß nich schöner singt.

* * *

Un dann twee eegne Pärdkes,
De laupet op un af,
De trippelt un de trappelt
Den ganfen Dag im Draf.

Un denk, de könnt auk danfen,
Soboll se hört Musik;
Un ik, ik arme Düker,
Mott met herüm soglik.

* * *

Nu owwer erst dat Kleedken,
Dat nümmer nich verslitt,
Un't smucke sneewitt Schörtken,
Dat an kin Dörn territt!

O laiwe Kinner-Eenfolt,
Wu büs du doch so söt!
O raine Härtensunschuld,
Wu röhrs du min Gemöt!

* * *

Dat Dokter un Apteker
Min Mäken nümmer brückt,
Hät et en sieker Mittel,
In't Paradies is't plückt.

Op runde Pusebäcksles
Gesundhaitskrütken staiht,
Dat friske, raude Bläumken
Sölfs Middewinter blaiht.

* * *

Nich wahr, ik kann wul lachen,
Ik häf ne rike Brut?
Kin Graf un auk kin Künink
Sin Kind stürt bäter ut.

Män't Beste doch von Allen:
Kin Düwel nimt är af;
Denn all den grauten Rikdum
De Härgott sölfs är gaf.

* * *

De gaf är auk dat Slötken,
Womet se alls verslütt —
Jk owwer häf den Slütel,
Wat mangereen verdrütt.

O Slötken du so glainig,
O Slötken fürig raut —
Jk draf der nich an denken,
Süs wät mi't tau benaut!

Waigenleedkes.

Haia, Kindken, ik waige di,
Härr ik en Stöcksken, dann slaig icke di,
Dai di dat weh, dat jammerde mi,
Darüm si ruhig, dann frai icke mi!

Haia, Kindken, ik waige di,
Wör ik so mö nich, dann draig icke di,
Wör icke du, un du waigedes mi,
Slaip ik al lange, dat glaiwe du mi!

* * *

Susewind, nu suse!
Drai Waigen in eenen Huse!
Sall de Vader nich bange wärden,
Süht he so 'nen Sägen op Ürden?
Hät nich Braud of Schinken,
Hät kine Mälk taum Trinken,

Hät kin Korn in'n Kasten,
Müter de Kinnerkes fasten.
Susewind, nu suse!

Mahle, Müller, mahle!
Bur, de Schullen betahle!
Sall dat Kindken nich Hunger liden,
Mott de Mauder ein Braud afsniden.
Braud, dat bäck de Bäcker,
Korn, dat dräget de Äcker,
Gott lät Sünneken schinen;
Kinnerkes dröwet nich grinen!
Mahle, Müller, mahle!

Slap, min Kindken, slape!
Buten gahet de Schape,
Springt de Lämmerkes al in't Wide,
Häft se Wulle so week as Side,
Häft auk witte Fäute,
Häft auk Mälk so säute,
Häft en Wibbelstärtken,
Häft en lammfromm Härtken,
Slap, min Kindken, slape!

Wat de Wind vertellt.

De Wind.

Ik sin de ewge Wannersmann,
Mott wannern dör de ganse Welt,
Na Norden, Suden, Ost un West,
So is't von Anfang an bestellt.

Dat graute, wide Ürdenrund
Mott ik dörwannern Dag und Nacht,
Sit för dat schöne Menskenkind
De Sunn an'n Hiemel fröndlik lacht.

Min Wäg gaiht dör de frie Lucht,
De Hiemelswolken sind min Roß,
De Ürde is min Künigsrik,
Se is min härlik, luftig Sloß.

Na't graute Water jag ik hen,
Un öwer't Water wier tau Land,
Breng Niewel un den Rägen met,
Dräg Wärmd un Köll in mine Hand.

Wat ümmer op un üm de Ür,
Wat wät un läft un wier vergaiht,
Wu't Anfang un wu't Ende nimt,
Dat Alles mine Augen saiht.

Ik saih de Ür in Maienpracht,
In Winters witte Likenkleed;
De Menskhait saih'k in bunte Lust,
In swatte Trur, in düster Leed.

Ik saih den starken Menskengeest,
De Risenarbeit von Verstand,
Ik saih, wu sine mächt'ge Hand
De graut' un kleine Welt ümspannt.

Ik saih auk fak in't Menskenhärt,
Doch Kiner, glöf ik, wät drut klauk:
Et is un bliff för alle Tid
En unbegriplik Wunnerbauk.

Doch wat ik las in't Läbensbauk,
Wat ik erläft häf in de Welt:
En Dichter ut Westfalenland
Häf'k mangsen wat dervon vertellt.

Aprilwind.

We trippelt so hennig da öwer de Ür
Dör Büske un Feller un Wisken ümhär,
Un rüttelt an Baum un an Hieg un an Hucht,
Boll daip an de Ärde, boll haug in de Lucht?

„Ik sin de Aprilwind, von'n Hiemel kam'k den,
En Blasebalg sunnige Wärmd' in de Hänn;
De blas ik den grimmigen Winter op't Fell,
Damet he sik futtmäck, de laige Gesell."

„Is täumig de Racker un gaiht nich sofats,
So flaig'k wier na boben, da weet ik mi Rats,
Da hal'k mi den Hagel, den schait ik heraf,
Un, sühsde mi häsde mi! löpt he in Draf.

„Dann trippel un trappel ik wacker, tripp trapp!
Tau wecken dat Gras un de Blaumen, klipp klapp!
Un schüttel de Strüker un rüttel de Bäum,
Ik mott är verdriwen den Slap un de Dräum."

„Un staht mi de Fulwäms sofatsens nich op,
So gait'k är kolt Water von boben op'n Kopp
Un spürter un splenter un plär se di natt,
Büs dat se dat Slapen un Dräumen häft satt."

Stilltaufräden.

Von Abend sin'k in't Kärspiel west
In't lütke Kötterhus,
Dör'n Schortsteen krop'k in't warme Nest
Gans sinnig ahn' Gebrus.

De Kötterfrau fatt ftill an't Für,
Är Jüngsken an de Borft.
Dat Haimken tirpte ut de Mür:
Nu kick! wat hät he Dorft!

Ticktack! Ticktack! o wocht män lück!
De olle Wanduhr fung,
Min Ticktack is en härlik Stück,
Brengt Slap för Olt un Jung.

De Kötter liende an de Dör,
En Fraidenthränken facht
Laip em in't Aug, fo kam mi't vör;
Ik weet wul, wat he dacht':

„Is auk de Arbait hatt un fur,
Dat Läben is doch föt:
Är Härt is min för alle Dur,
Un min är fromm Gemöt."

De Mond, de Alles faihen mott,
Keek nipen dör de Rut;
Ik glöf, de olle Gneefepott
Lacht' ufen Kötter ut.

Dull Tüg.

Höhöh! Här Wind! wat is der los,
Segg, büsde unwis woren?
Marjaufepp! fegg, du Bullerjan!
Häs den Verftand verloren?

Du schrais, du jöhs, du bölks jä, Wind!
So häf'k di nörgens dropen,
Du rängsters un klabasters jä,
As härs „Oll Klaren" sopen!

„Haha! Haha! Dat was en Spaß,
Dat is wat taum vertellen,
Dat was wat för min olle Härt,
Dat mott'k di wacker mellen.

Denk an, ik was in'n Eeken=Busk
Un woll mi slapen leggen,
Was hellsken mö von mine Rais,
Kum konn'k mi no beweggen.

Män Dunnerkil! wat kree'k en Schreck,
So wat harr'k no nich saihen:
De junge, stramme Schulten=Frans
Woll sik den Hals ümdraihen.

Jüst was he dran, de döre Pott!
Den dicksten Ast tau finnen,
Nu harr he em, nu woll he jüst
Dat Kauhseel fast dran binnen.

„O Katrin! raip he, du büs't Schuld,
Dat ik so fröh mott stärwen,
Du bröks min Härt, 'drüm mott ik nu
Elenniglik verdärwen."

Da gifsde mi wat häsde mi!
Gaff ik mi an tau rasen,
Met vulle Backen in den Baum
Richt op em los tau blasen.

Un bums! da foll he as en Kloß,
De Galgen-Ast was broken:
If glöf, dat is en Lährstück west,
Dat sitt em in de Knoken."

O wunnerschöne Summernacht!

Op de Wittdörnhiege ächter usen Huse satt de Wind. De Rausen lusterten gans sälig op, äs he vertellde; un se nickten em fröndlik tau. Se verstönnen em gut, denn he kürte von de Laifde. Un af un tau gäffen se sik verstolen en Küßken. De dicke Tulpenmöhn, de auk tauhörte, stott äre Naberske an un wispelde är wat in't Ohr, worop dann baide bedächtig met'n Kopp schüttelten. De Fink op'n Prumenbaum appat sung in Eenen tau: Stibits! Stibits! jüst äs wüß he auk, wu man't anfangen mott, üm en Mülken tau krigen. So sung de Wind:

Et was ne schöne Summernacht,
De Nachtigallen süngen,
Äs söll de Laif met Sangesmacht
In alle Härten klingen.

Da stonn Een vör sin Mäkens Dör
Met stillbedröften Härten:
So gärn, so gärn he't segget här,
Worüm he süfst' in Smärten.

He follt dat jä so daip, so daip,
So lang harr he't al lieten;
En Thränken em in't Auge laip:
Et droff jä Kiner wieten.

„O du min laiwe Mäken min,
O könn ik di't doch seggen!
Min Fraid, min Smärt, min Lust, min Pin,
Könn'k di't an't Härte leggen!"

Den Kopp so swar, den Kopp so heet —
Gott help! ik bi mi dachte:
En Mülken för din Härteleed! —
Dat Mäken weckt' ik sachte.

Dann göngen Baide Arm in Arm
Un dächen nich an Sorgen.
Wu föllten se de Laif so warm
Büs an den lechten Morgen!

Et was ne schöne Summernacht.
De Stärn an'n Hiemel glöhten,
Äs Laifdesstralen week un sacht
Us löcht't dör alle Nöten.

De Wolken.

Wat se jaget, wat se driwet,
Wat se rennt in Sus un Brus,
Wat se flaigt, de Water=Pärde,
Dat se ilig kumt na Hus!

Sturmwind driff se met de Pitske
An den Hiemel vör sik hen,
Driff se na dat graute Water,
Wo de swatten Pärde den.

Möndken krigg en hellsken Schrecken,
Löpt so hennig äs he kann:
Wenn de Dirs em öwerrännten,
Wör he jä'n verlornen Mann!

Hermänneken un Mariänneken.

Hermännken was trurig. He was in de frümde, un sin Härt was in Naut un harr graut Verlangen na de Laifste. Lange, al öwer en Jahr harr he sin Mäken nich mär saihen.

De Wind owwer kam met en fröndlik Süseln dör't opene Fenster na em hen un brach Rausenduft in sin Stöfken. He harr Mariänneken so äffens in Würkelkait saihen; jüst kam he dahär. Un he sung:

Unner de steenolle Linde vör't Hus,
— Firamtsstille was et in't Dorp —
Satt di dat Mäken met brünlike Locken,
Sneewitte Hut un Vergißmeinnicht=Augen;
Laislik was et tau saihen.

Nich was täumig dat flitige Kind,
Laip doch dat Rädken so hennig un gau,
Laip doch dat Fämken so flink dör de Finger,
Jüst äs frait' et sik al op den Brutschats;
Mäken spunn auk Gedanken.

Rausenstrüsken satt an är Borst,
Raude Laifde satt är in't Härt,
Fröndlik Lachen spielde üm't Münden,
Söte Wörde süngen de Lippen,
Laifdeswörd' för den Laifsten:

„Laiwe, laiwe Summerlüftken!
Niem düt söte Rausendüftken,
Niem't in dine warme Hand,
Breng't min Schats in färnen Land!"

„Segg em, dat't sin Mäken schenket,
Dat sin Mäken an em denket,
Summerlüftken, week und lau,
Flaig na minen Laifsten gau!"

Wu söt wor't em tau Maut, wu lauflik tau Sinn, äs he de fröndlike Botschop von sin Mäken vernam; sin Härt juchte vör Lust un Säligkait.

O laiwe, laiwe Summerlüftken!

Män dat Lüftken was al wier futt un he konn sik nich es bedanken.

Abends late owwer, äs Alles rüg un stille was — blaut dat de Nachtigallen süngen un de Glorärsekes dör de Lucht glöggerten — da kam, äs he in't Fenster stonn un en söten Härtens=

wunſk na'n Hiemel heropſchickte, de Wind ſachte
herannerruſcht. He was wier bi Mariänneken
weſt. He kam ut den Linnenbaum, de vör
Mäkens Kamer ſtaiht, un da harr he en nüdlik
Beldken ſaihn. Dat beſchreef he nu in ſine
kindlike Art:

In dat ſtille Kämerken lagg in't ſmucke Beddeken
T' laiwe Mariänneken.
Unner't runde Köppeken met de kruſen Löckekes
T' eene witte Hänneken.
Op dat zade Börſteken dicht bi't warme Härteken
T' annre Liljenhänneken.
Üm dat ſlanke Hälſeken hong en gülden Käſteken
An en ſammten Bänneken.
Dör de blaen Kikerkes höngen twee Gardineken
Met ſwattſiden Ränneken.
Achter de Gardinekes ſatt met Slap un Dräu=
mekes
Lütke Här Sandmänneken.
Un en griſig Dügelken met ſin ſöte Müleken
Brach en nüdlik Stänneken. —
We ſitt in dat Käſteken? Wovon drömt Mar=
jänneken?

Still! ſe ſagg't: Hermänneken!

Annern Morgens fröh ower kam de Wind
nomols un weckede ſinen Fröhnd.

Son Morgengeſang wör alle tau wünſken,
wecke Laiſde in Härten drägt un hopt, dör en

laif Mäken glückelk tau wären. Denn so en Beldken von sin Mäken vör Augen, son Beldken von trüe Laifde, dugendsame Hüslikkait, von flitigen un schönen Sinn, von Härtensguthait vör Augen tau häbben, sis en mächtigen Sporn vör Jeden, auk flitig un arbaitsam tau schaffen, dat dat Mäken boll sin eegen wät.

Also owwer vertellde de Wind von Mariänneken. Ji Mäkens! niemt ju en Eksempel dran! Lustert op!

 Kum no, dat de Hahn hät kraiht,
 Mäken ut de Kamer gaiht,
 Äs en Rehken flink un slank,
 Alls an är is blinkeblank.
 Auk in Härten!

 Gau un hennig se hanteert,
 So hät 't Möderken är lährt,
 Spricker hält se ut de Schür,
 Bolle brännt en lustig Für.
 Auk in Härten!

 Süh! wu gaiht't är von de Hänn,
 Äs wenn't sik von sölfs verstönn,
 Kück un Stöfken hät's al fin;
 Ai, wu wuhnlik mott 't da sin!
 Auk in Härten!

Wacker deckt se nu den Disk;
Propper Dieksken, witt un frisk!
Kick! wat staiht da an den Rand?
„Laifde giff met flinke Hand."
Auk von Härten!

Ilig löpt se no vör't Hus,
Plückt den schönsten Blaumenstrus.
Of sik wul de Ollen frait,
Wenn's de frisken Blaumen saiht?
Jau, von Härten!

So! nu hät se Alles t'recht —
Still! da hät se no wat seggt:
„Gott, wat woll ik fraien mi,
Wör doch auk min Schats derbi!"
T' kam von Härten.

De Kartenspielers.

„Ruten Bur!"
Da sätten de Kärls al Stunn op Stunn
Un wören an't Spielen un Supen.
„De staiht stur!"
De Snider verlos, de Smidt gewunn,
Da läggen de Grösken tau Hupen. —
„Härten Aß!"
Tau Hus, du Snider! da sitt din Wif,
Da grinet un hüngert de Kinner, —
„Pfaift der was!"

Da fraiset de Wörmkes sik stur un stif,
Du Snapsbror! du störrige Sünner! —
           „Giff män, gau!"
Du owwer verspiels nu in eene Nacht
De Grösten, de lange versparten?"
           „Wacker tau!"
Da wor't mi tau viel. — Du Supstengel wacht! —
Ik puste von'n Disk är de Karten. —

Dat schof nu de Snider den Smidt in die Schauh.
Boll hauten sik Snider un Smidtken;
Dann kam de Polßaidiner auk no dertau
Un pock se sik gau bi't Slaffitken."

Ne olle Geschicht.

Segg, Susewind! wat dain se di,
Wat büs du doch so lurig?
So stillkens woß an mi vörbi,
Worüm büs denn so trurig?

„Jä, Gott, et is de oll Geschicht,
Wät ümmer ni wul bliwen:
En grauten Härn, en Armlü-Wicht,
Wu könnt de't anders driwen?"

„He danßte boben op sin Sloß,
Et was sin Hochtidsdänsken;
Se't Ellernhus verlaten moß,
Moß unner frümde Mensken."

En Låhrſtück op't Kamſóleken.

As mi de Wind düt Dönken vertallt, ſatt he op'n Appelbaum in uſen Garen. Bi't Vertellen ommer lachede he gans unwis. Un auk de rauden Pardisappel op den Baum, de em luſterten, ſchüttelten ſik vör Lachen, ſodat ſe öfters met äre dicken Köppe anenanner ſtötten; un ennige von är hadden ſik ſo unvernünftig, dat ſe von de Äſte herunner tüſken de Kabusköppe truſelten, de daröwer hellsken tau ſchennen anföngen. De ollen verſtännigen Georginen appat ſchüttelten bi dat Vertellſel von'n Wind met'n Kopp, äs wollen ſe ſeggen, wu't mügelik wör, dat de olle Suſewind no ſocke Spirrewippkes maken könn. Un ik, de ik dat Dönken auk anhören moß, häf tau den Wind ſeggt, naigſtens dröff he appat nich mär ſock dumm Tüg vertellen, ſüs höll ik mi baide Ohren tau. Owwer he hät et nu mol vertellt, un da mott ik et denn wier vertellen:

  De Dag harr längs de Augen tau
  Un drömde von de Sunn;
  Auk't Mönōken was der nörns tau ſaihn,
  Holl wiß no Unnerſtunn.

  In't Dörpken was en wahn Gejäul,
  En Bolts harr Hochtidsnacht,
  Von alle Katten, jung un olt,
  Wor em en Ständken bracht.

Ik sleek mi dör de Straten hen,
Et was mi slecht tau Maut,
Min Bror, de Dorwind, was der west,
Harr aislik mi verhaut.

Äs'k nu an't Bäckerhus vörbi
Dör't Dorp na buten woll,
Smeet ik ne graute Ledder üm,
De langs derdale foll.

Män denkt ju an, wat ik da sog:
En Kärl ut't Fenster hong,
De an tau fläuken fürchterlik
Un an tau schraien fong.

De Bäcker owwer, sapperlaut!
De trummelde drop los,
De slog un wämste em off't Fell,
Äs wör't en hölten Kloß.

„Nu lähr ik di, min Bengelken,
Wu Bäcker kniät den Deek,
Ik lähr di't op't Kamsöleken,
Wu man den Deek krigg week!"

„Nu lähr ik di, min Engelken,
Wu Bäcker Brödkes bäck,
Min Bullenpinn, de brengt di't bi,
Wu hier de Cwiback smäck!"

„Nu smäck's du auk, min Jüngelken,
Von Bäckers beste Körn,
Un wu man hier de Hörnkes draiht,
Ik lähr di't ächt un vörn!"

„Nu weeß du auk, min Jüngelken,
Wu Bäcker wahrt sin Hus;
Jk lähr et di: Met Speck, met Speck,
Met Speck fängt man de Mus!"

En ollen Kärl, en blautjung Wicht,
Man segg dat döt nich gut.
Doch ik, ik häf barbarisk lacht,
Un dat, dat dai mi gut.

Nicks in Natur, nicks in de Welt,
Dat nich sin Arbait tau is deilt!

Wenn du villicht mains, min leiwe Lands-
mann, de Wind wör en nicksnutsigen Täumig-
gänger, en Brauder Lichtfink, de nicks bäters tau
doen härr, äs flitsen tau fangen, tau weeren un
tau spektakeln, tau bullern un tau ballern, för
sin Plaseer tau singen un tau krijölen; wenn du
dat mains, dann büs du appat op de Bisterbahn.
Jk segg di't, de Wind hät jüst so gut sine
Arbait un sine Plag, äs du un ik un alle Mensken,
äs Sunn un Man und Alles, wat Läben hät un
läben will in de Welt. De Wind is in den
Husholt von de Natur anstellt und hät da en
jüst so wichtigen Posten, äs de Baumester op'n
westfälsken Schultenhof. Wat hät he nich Alles
tau besorgen in un buten von use Ärde är
schön Hus!

We is et denn anners äs de Wind, de us de
Lucht rain höllt un all de slechten Dünst ut är
herut fägt? We is et, de us de warmen Lüftkes
brengt un den Winter verdriff? We is et, de
af un tau ut sinen Blasebalg lück Kolts, dat he
ut köllere Giegenden metbracht hät, in de heete
Lucht blöß, damet et de armen Kreaturen uthollen
könnt? Is't nich de Wind?

Un dann! We draiht us de Windmül, dat
wi Mäl krigt? We stellt de Windfahn op use
Dack taurecht, dat wie na't Wädder utsaihn könnt?
We driff de Schiepe öwer't Water? Döt nich
alles dat de Wind?

Un wees du nich, we för de Laiflingskinner
von de Natur, för de bunten Blaumen sorgt?
De Wind is et, de de Blaihten von't Blaumen=
männken na't Blaumenwiffken drägg. De laiwe
Naturfrönd is et, de Blädder un Blaumen un Gräser
un Saten tausamen döt un, natürlik gans ut
Versaihen! se mangsen met de Köppkes an
enanner stött, damet se sik wacker en Mülken
giewen könnt. De Wind is et, de kriegle, ümmer
friske Olle, de in de rüge, daudenstille Natur
kwick Läben brengt, wenn he met sinen Singsang
dör de Böme waiht, of sinnig dör de Feller gaiht.

Nu! ik denk, da draff sik de Wind auk wul es
mangsen, wenn he jüst nicks bäters tau doen hät,
en Späßken maken, äs he taum Eksempel döt,
wenn he de Kinner den papirnen Windvugel
na'n Hiemel heropdriff, de en Breef von är na

Sünte Klas brengen fall, damet he weet, wat he
är naigsten Winter metbrengen sall. Ik denk, da
draff he us auk wul dann un wann en Dönken ver-
tellen von dat, wat he erläft hät, odder en Leedken
singen, äs dat de Menschen un besunners de Dichterslü
na Dagesarbeit jä auk gärne daut. Nich wahr?

Dat kanns mi ower glöwen, min laiwe
Landsmann! wenn de Wind bi de Arbait is, dann
mäckt he kine Fissematenten, dann vertellt he auk
kine Stückskes, dann nim't he't hellsken genau
met dat, wat he vörhät; denn süs kreeg he't met
Frau Sunne tau doen; un de spaßt nich, drop
kanns di verlaten!

Davon hät mi de Wind es mol an en heeten
Julinamiddag wat tau verstahn giewen. Da
harr em nämlik Frau Sunne utschickt, dat he
von't Meer un ut Bieken un Kolken de Rägen-
wolken heranhalen söll, wil se ennige Dage lang
tau wahne inbott harr, sodat de Ärde met Alles,
wat drop läft, hellsken Dorst liden moß. Un äs
ik minen ollen Frönd da sagg, he söll bi mi
bliwen un sik met mi unnerhollen, da woll he
nicks dervon wieten; denn he harr wat Wichtigers
tau verrichten.

Hir kanns't läsen wat ik em sagg, un wu
he mi Antwort gaff.

  Wat löpsde, wat susde,
  Wat rennsde, wat brusde
  So gau un geswind?

Ik bitt di, so blif doch,
De Langwil verdrif doch,
Vertell wat, Här Wind!

„Ik kann nu nich bliwen,
De Tid tau verdriwen,
Mott wit in de Welt.
Na't Meer mott ik laupen,
De Wolken tau raupen,
Frau Sunn hät't bestellt.

Et süsset allwägen
Na Rägen, na Rägen
Al lange de Är.
Et dörstet de Feller,
De Wisken un Wäller
Na Water so sähr.

De Blädder un Bläuhten
Vergahet in Näuten,
Se fallt al heraf.
De Rausen un Nelken
Möt bolle verwelken
Un sinken in't Graf.

Kin Vügelken singet,
Kin Dirken mär springet
No lustig ümhär;
Süh! Alles ligg trurig,
Ligg täumig un lurig,
Ligg still op de Är.

Drüm mott ik nu laupen,
De Wolken tau raupen:
„Ji Wolken! kumt gau,
Ji grifen, ji fwatten,
Ji kollen, ji natten,
Brengt hiemlifken Dau!

Du krufe Gewimmel!
flaig wacker na'n Hiemel!
frau Sunn hät ju focht.
Se is da an't stocken,
Den Rägen tau koken,
Al lang' hät se wocht."

Von't Meer dann de Wolken,
Ut Bieken un Kolken —
Dat giff di ne Jagd!
Boll drübbelt de Rägen,
Boll ruschet de Sägen —
frau Sünneken lacht."

Maienfang.

So haug was fin Sang un doch fo föt; fo firlik was fin Klang un doch fo mild; fo mächtig klung dat Leed un doch fo week un fo facht; äs he met den jungen Maienmorgen dahärrufchte! Un de Blaumen wören wach un küßten fik. Un de Vügel lufterten un fnäbelten enanner. Un dör Alles, wat läfde, drung en föt Geföhl. Dat Leed owwer, dat de Wind fung, klung äs en Värs ut dat hauge Leed.

Sångers Daut.

De Landfchop lagg da in de fchönfte Summerpracht, vertellde de Wind. Da fteeg en Lewerink in de Lucht herop. Sin Leed klung vull un ftark. Ümmer högger flog de Hiemelsfänger, ümmer luter klung fin Sang; dat Härt was em fo vull. Was't de Pracht von de fchöne Welt, de he befung? Odder trock't em fo mächtig na'n Hiemel? Ümmer wider flog he von de Ärde wäg, ümmer näger kam he de Sunn. Un fin Leed fwoll ümmer mächtiger an, un fine Stimm wor ümmer firliker.

Da no eemol drung en kräftigen Triller ut de klaine Sangesborft, no eemol flog he gewoltfam met de flitken! — Dann fünken de flitken, dat Köppken foll op de Borft; — dat Härt was em fprungen.

Ik owwer drog fachte den dauden Sänger na de Ärde taurügg un lagg em tüsken de haugen Saten unner blae Kornblaumen un raude Klapprausen in't Graf.

Stille Laifde.

En Härte, dat von Laifde glöht,
Uhn dat et Laifde köhlen döt,
Versinkt in stille Grameżrauh,
Üs't Bläumken ahne Hiemelsdau.

Ik stonn an nen düstren Wolddik. Et was Nacht. Alles üm mi herüm was still un rüg. De swatte Dik lagg da ahne Beweggung. En sülwern Stral von de Man an'n Hiemel gleet tüsken de Böme dör op dat stille Water heraf un wees mi ne bleeke Waterlilje. Blot eenen Augenblick sog ik de witte Blaume op dat swatte Water; dann sog ik se nich mär. Un mi was't, äs wör se versunken, versunken in dat stille, natte Graf.

De Wind owwer ruschte dör de Böme un vertallt: Ik kum von en bleek Mäken; de drägg stille Laifde in Härten. Owwer he, den se laif hät, kann dat nich metföhlen; denn in sin Härt wuhnt eene annere. Dat weet dat Mäken un drüm is se so bleek. Drüm stonn se auk no so lat in de Nacht alleen an't Fenster un sung düt trurige Leed:

Stille, stille Wäter
Häbbet daipen Grund;
Wat tau daip in Härten,
Segg kin Menskenmund.

Daipe, daip da unnen
Is et rüg un still:
Härt! so sin taufräden,
Wenn't de Hiemel will!

Härgottspärdken.

Dat was en nett Späßken, vertellde de Wind vergnögt. Satt da dat blunde Mäken jüst äs't Pingsteblaumken in't Gras. Un wat dai dat nüdlike Kind? En Härgottspärdken harr et funnen, dat satt et sik op de Hand. Dat klaine Hiemelsdirken soll är seggen, wannähr de Schats na är käm un an är friggede. Weeste! so makt et de jungen Wichter gärne, wenn se wieten willt, wu lang' et no duren wät, büs dat't Hochtid giff. Dann sett't se sik dat unschüllige Dirken op de Hand un fangt an tau tellen: Een — twee — natürlik hellsken langsam; denn so= viel Jahr möt se no „Jüfferken ahne Mann" bliwen, äs se tellt, büs dat Härgottspärdken opflügg.

Un ik, de Wind, wat häf ik derbi tau doen? Ai nu! worüm söll ich de Wichterkes nich dat Plaseer maken un giewen dat Dirken en lütken Schubb dat et nich tau lange sitten bliff?

Düt Mol — dat Mäken was ommer auk würkelk tau nüdlik — häf ik se gar nich es taum Tellen kumen laten. Hör män, wat se sung, de söte Eenfolt!

  Härgottspärdken kam na mi,
  Satt sik op min Hand:
  Nu is't Wochten boll vörbi,
  Hochtid gifft in't Land!

  Ähr äs ik no fragen konn:
  Wann is't Wochten ut?
  Flog dat Dirken al dervon:
  Juh! nu wär ik Brut!

Mauder-sälig-alleen.

Mauder-sälig-alleen! Dat arme Mäken! kinen Mensken harr et mär op de Welt. Mauder-sälig-alleen satt et in dat Stöfken von är Ellern-hus, dat se nu bolle verlaten soll, verlaten för ümmer. De Vader was al lange daut. Un de Mauder was Jahren lang krank west; gistern was se begraben. Un van Dage was Alles, wat no von de Ellern bliewen was, verkofft, auk dat klaine Hüsken, wo dat Mäken tau Welt kam un dat se nu bolle verlaten soll, üm unner frümde Mensken tau gahn.

Dat arme Mäken satt op ne olle höltene Kist, de met en paar Armsäligkaiten är eegen bliewen was. Grinen konn se nich; de Thränen alle, de äre Augen hadden, wören al floten. Owwer in är Härte was de daipste Trur un da stonn düt thränensware Leed, dat de Wind op sine Flitken na mi henbracht hät:

Ik häf kin Vader un kin Mauder,
Kin Süster mär un auk kin Brauder,
Un he, de mi so laif hat hät,
Min Läbedag nich wier kum'n wät.

O Pin, o Naut! alleen tau stahen,
Alleene dör de Welt tau gahen,
Un wieten, dat kin Menskenhärt
Kann met us föhlen Leed un Smärt.

Twee Höltkes will ik säuken gahen,
Üs Krütsken se tausamen slaen;
Dann will ik bäden: Gott min Här,
Erbarm di, legg mi in de Är!

Windstille.

Et was ne kolle klare Winternacht. Kin Wölksken trock öwer den blaen Hiemel. De Mond was nich op sine stille Wacht. De Stärne owwer met äre Flammenhärten glöhten in fürige Pracht. Et was grawesrüg in de Natur; kin Lüftken gong dör de stille Landschop.

Da foll en Stärn ut de Höchte heraf. Kort was dat Löchten dör de düst're Nacht, kort äs de Lust in use Läben.

Ik dach an den Fall von de Unschuld.

Graut was de Naut.

Mäken, woß du gut gefallen,
Lat di fin un suber finnen,
Owwer dabi denk vör Allen:
Buterschin fällt nich na binnen.

Nu, Wind! wat is der denn met di? Du schins jä hellsten Spaß tau häbben? frogg ik em eenes guden Dages, äs he üm mi herümsnüffelde un met mine Hare, minen Haut, minen Halsdauk, met mine Rocksfläpsen un wat he süs no von mi tau packen krigen konn, allerhand Spasserien dreef. Wind! wat för dumm Tüg häsde makt, wo büsde west?

„Spaß häf ik hat"
lachede he.

Un wo denn? frogg ik.

„Ai, in de Stadt"
antworde he.

Un womet denn? frogg ik wider.

„Nu! met en Wichtken"
wisperde he.

Was se schön?
"Nüdlik Gesichtken!"
gnüggelde he.
Was se fin?
"Hüsken von buten,
Blitsblanke Ruten!"
raspelde he dahär, äs wenn he't utwennig lährt
härr.
Wat woß damet seggen? frogg ik.
"Buten nich binnen!"
bollerde he.
Owwer wuso denn? frogg ik nomols.
"Gliks saß du't finnen"
brummde he, äs woll he seggen: Dummerjan!
wat bruks mi so faken tau unnerbräken?

Na dann spiel op!
"Wichter, paßt op!"

"Ai, wu adrett,
Propper un nett!
Wu so maneerlik,
So reputeerlik!
Jüst äs en Kwickstärt
Gaiht är de Wippstärt!
Kikt es dat Fäutken,
Kikt es dat Häutken!
Wu se nikköppet,
Nüdlik wippöppet,
Fin äs en Beld!"
Sagg alle Welt. —

Män, Sapperlaut!
Wor't är benaut!
Äs it tau fusen
Anfong tau brusen
Kikt an är Kütken,
Äs en Beschütken,
Unner dat Röcksken
Strump hät en Löcksken!
Kikt es dat Wichtken,
Kikt är Gesichtken,
Wat wät se raut —
Graut was de Naut!

Schön Lisbet.

Wind, sagg ik tau minen ollen Frönd, segg mi, wu gaiht et Lisbet, dat schöne Mäken ut use Dorp, womet ik tausamen in de Schaul gahn sin? Segg mi, wat mäck dat nette Naberskind, womet ik tausamen spielt häf, äs ik no klain was. Nu is se sieker al graut worn un hät auk sieker al en Brüdigam. Segg mi't, Wind!

He owwer sung:
Schön Lisbet sitt an't Rädken un spinnt,
So hät se al Jahre lang säten;
Schön Lisbet spinnt an'n Brutschats un sinnt,
Se kann ären Schats nich vergäten.

Är Schats gong wäg, gong wäg in de Stadt,
Moß dainen da bi de Soldaten.
„Wenn drai Jahr üm, kum trügg ik appat,
Dann wär ik di nümmer verlaten"!

„„Drai Jahr sind üm, säß Jahre vörbi,
Wat blifs du, min Schats! doch so färne?
De Hauptmann lät em sieker nich fri,
De mögg em behollen so gärne.""

„„O käms doch boll! de Koffer is vull,
Da blenkert dat sneewitte Linnen.
O Härt! sin still, o klopp nich so dull!
De Laifste wät trü di jä sinnen."" —

Schön Lisbet! dat du büs bliewen so trü,
De Härgott dafür di säge!
Din Schats kümt nümmer wier trügge na di,
He wandelt op räuklose Wäge.

Muljans.

Jk satt op'n kahlen Knapp. So nömden de Lüde den klainen Windmülenbärg nich wit von är Dorp. Ennige säggen, de kahle Knapp wör en Steen, womet ensmols en Rise de Menske härr daut smiten wollt. Annere owwer mainten, et wör en Häupken Sand, dat sik de ewige Jude op sine Wannerschop hir ut'n Schauh kloppt härr.

De Mehrsten owwer glöwwen daran, dat de Wind=
mül op'n kahlen Knapp ne olle Kaffemül von en
Hünen wör, de tau Härmens Tiden hir in de
Giegend sin Sloß hat härr, wenn auk Ennige na
den Schaulmester sine Ansicht mainten, de Wind=
mül wör en risig grauten Adler ut Noah's Tiden,
de tau Strafe daför, dat he fröher ut de Arche
flogen was, äs de Sündflaut gans vörbi was, op
den Bärgtipp, wo he sik hensett't harr, in en
höltenen Vugel verwandelt wör, de sinner de Tid
sure Arbait för de Mensken don möß.

Et was an en schönen Summerabend, äs if
da mö von en düchtigen Mars unnern Linnen=
baum Rast holl un in de stille Abendlandschop
sog. De Sunn harr sik den Dag öwer düchtig
plagt. Nu was se mö. No eemol keek se ver=
gnögt op är Dagwärk taurügg; dann gong se
hennig ächter'n Busk, üm sik slapen tau leggen.
De Müggen owwer danßten no lustig in de
Lucht herüm un süngen von den schönen mor=
gigen Dag.

Un de Wind waihte sinnig öwer de haugen,
gälen Saten un de blaen Kornblaumen un de rauden
Klapprausen. De haugen Saten met äre gälen
Flaßharköppe un de blaen Kornblaumen met äre
trüen Augen un de Klapprausen met äre frisken,
rauden Backen lachten em an un nickten em
fröndlik tau, dat he so sacht met är ümgöng.
Män lange woll de Wind nich von är wieten.
Husk! flog he op na den lütken Windmülenbärg.

husk! flog he an mi vörbi, satt sik in de flitken von de Windmül un draihte dat Mülrad. Ut de Windmül owwer trat de junge Müllers= mann. He gong met en Krückstock. Mi dai dat Härt weh, äs ik sin Gesicht sog. Stille Trur satt op de hauge Stärn un daip Härtleed keek ut de grauten blaen Augen. Trurte he üm dat verlorne Been, of was et no mär, wat he ver= loren harr, dat he so bedröft un wehmödig in de Welt keek? Still! hört män dat Leed an, dat de Müljans met sine daipe Stimme sung. Dann wärt ji de Trur op sin Gesicht un de Bedröfthait in sine Augen verstahen.

Ut de haugen gälen Saten
Kiket mi twee Blaumen an,
Kikt mi an, dat ik nich länger
Mine Thränen hollen kann.

Eene kickt so laif un härtlik,
Ut dat blae Aug so trü;
Jüst so keeken äre Augen,
Owwer dat is längs vörbi.

Un de raude lacht so lustig,
Dat Gesicht so frisk un fri;
Jüst so lachet äre Lippen,
Owwer längs nich mär för mi.

Blae Augen! Raude Lippen!
O wat schöwen ji mi Naut!
Blaumen sinket met de Saten,
Un min Härtensglück is daut. —

De Wind owwer slog wild in de Flitken von de Windmül un dreef met sin Rasen den Müller in de Müle taurügg. Dann sung he met röchterige Stimme·

Den rauden, rauden Kragen!
Den blaen, blaen Rock!
Et was en strammen Jungen,
Äs he no Frankrik trock.

De Wichter op de Straten,
De bleewen alle· stahn;
De Schönste, sine Toni,
Dör Härtpin woll vergahn.

He danßte jä so wacker,
He harr so flinke Been,
Dat Härt ut Toni's Augen,
Em lachte't gans alleen.

Den rauden, rauden Kragen!
Den blaen, blaen Rock!
He was jä no kin Krüppel,
Äs he na Frankrik trock!

De Rock met rauden Kragen!
Nu hängt he an de Wand;
Nu mott de Müljans humpeln,
Den Krückstock in de Hand. —

De olle Windmül owwer, de dastunn äs en Vugel, de wul na'n Hiemel flaigen mögg, owwer nich kann, wil em de Ürde tau fast höllt, sung en anner Leed. Un de Wind spielde den Kunter-baß dertau. So lutt dat Leed:

Sum, sum, Susewind!
Gutfrönd wi twee Baiden sind.
Suse, bruse, blas män tau,
Bruskopp! draih dat Mülrad gau!
Mahle, mahle grof un fin,
Stillen möt wi Hungers Pin.

Sum, sum, Susewind!
Hüte lacht, we morgen grint.
Menskenhärt bliff auk nich stahn,
Mott den Tackt taum Läben slan,
Klingt dat Leed von Lust of Pin,
Ümmer tau! et mott so sin.

Sum, sum, Susewind!
Si nich stolt, o Menskenkind!
Wenn de Kopp Gedanken denkt,
Doch dat Härt de Daten lenkt;
Un dat Schicksal is nich wit,
Denkt un lenkt vör alle Tid.

Sum, sum, Susewind!
Dat so dör de Mensken sind!
Mügt se bannen für un Blits,
Wind! di fängt kin Menskenwits:
Äs dat Schicksal dör de Welt,
Küms un gaihs, äs di't geföllt.

Läbensmô.

Dörnen staht an jeden Wäg,
Den de Mensk dör't Läben gaiht,
Owwer alle Wunden heelt,
Wo de Laifdesblaume blaiht.

Op ne Höchte buten Dorp stonn lat in de Nacht en Mann, de in dat stille Dal herunnerkeek. De Mann was no jung un doch al mö von sine Läbenswannerschop: Een Liden was sin Läben west, een Strit met dat unerbittelke Unglück. Wul hadden Härtenspin un Seelennaut sinen Sinn klärt un rainigt un op dat Höggere un Bätere richt't. Owwer he süffte unner dat sware Krüts, dat von sine erste Jugend an op sine Schullern lagg, un he verlangte nah Rauh un Fräden.

Äs he sin Heemauddorp, wo he läft un lieden harr, so stilltaufräden da liggen sog, steeg de Erinnerung an sine trurige Vergangenhait mächtig in em op, un sin Mund sung:

Üs en Kindken in de Waige
Ligg min Dörpken still in'n Dal,
Üs en fröndlik Mauderauge
Süht de laiwe Man hendal.

Beldken du von Ruh un Fräden,
Beldken du so week un mild!
Saih'k di an, so packt de Smärten
In min Härte rugg und wild:

Dörnen, Dörnen, nicks äs Dörnen
Ligt op minen Läbenswäg,
Nörgens winkt en Ruheplätsken,
Dat<mi „Kum, hir ruh di!" sägg.

Dörpken du in stillen Fräden,
Lägg't doch auk so rüg äs du!
Mögg dann wul de Augen sluten,
Sluten tau de leste Ruh!

Ut'n Dorp owwer von den ollen Kärktorn herunner, den vielhunnertjährigen Tügen von Ärdenlust un Ärdenpin, von Wärden, Läben un Vergahen, sung ne daipe Männerstimm en anner firlik Leed. Dat lutt, äs härr et Gott sölwer tau Antwort för den klainmäudigen, läbensmöen Wannersmann da unnen den Sänger in den Mund leggt.

De Wind spielde datau dat graute Weltorgel.

Hir boben von den Kärktorn
Saih icke wit in't Land,
Saih öwer Höcht un Depten,
Büs an den Hiemelsrand.

Ik saih wul in de Wide,
Ik saih wul in de Nögd,
Ik saih dat Grant un Klaine,
Dat sik da unnen rögt.

Ik saih de Tiden wesseln,
Se ännert blaut är Kleed,
Se singt von Pin un Fraiden
All Dag datsölwe Leed.

Ik saih de Menskensorgen
Üm Rikdum, Ähr un Braud,
De Jagd na Glück un Sägen;
Den Fräden brengt de Daud.

So manjer mögg wul flaigen
Na'n Hiemel in de Höcht,
Doch hät he kine Flitken
Un find't nich, wat he söcht.

Un kanns du denn nich flaigen,
Moß bliwen du op Ärn,
So grip nich in de Wide,
So grip nich na de Stärn!

Säuk in din eegen Härte,
Wat kine Welt di giff,
Find' in din eegen Seele,
Wat ümmer, ewig bliff!

Dann fühs met Laifdesaugen
De graut' un klaine Welt,
Dann fühs auk klar verftännig,
Dat alles recht beftellt. —

Mi wät üm't Höft fo lechte,
Mit wät dat Härt fo wit:
Ik hör dat Weltrad brufen,
Dat draiht de ewige Tid.

Twee Kinnerdönkes.

Wind! fagg ik eenes Namiddags tau minen Kameraden, äs ik mi von de Arbait lück utrefte un he öwer mi in ne krufe Koppwiede fatt un met de Wiedenkättkes vergnöglik fpielde; Wind! du häs mi nu al fo viel Trurigs von Pin un Härtleed vertellt, kür doch nu auk es wat recht Luftigs. Weefte! nich fo in't Dulle un Wälmäudige herin, äs von Schulten Frans, de fik ophangen woll, odder de nächtlike Prügeleri von den ollen Bäcker, ne, fo recht laiflik un kindlik, dat ik mine Fraide dran häbben kann.

Hm! dat könn jä wul gefchaihen, gaff he tau Antwort un fmeet mi en paar Wiedenkättkes von den Baum herunner in't Geficht. Paß es net op, dann will ik en luftig Dönken von en Jüngesken vertellen, dat ik mol ut ne graute

Verlägenhait holpen häf. Villicht wees mi't tau
Dank un seggs mi, we't Jüngesken west is. Paß
nett op!

 Ächter de Hieg en Jüngsken satt,
 Dat harr de Bücks terrieten,
 Drüm green't: „O Gott! nu giff't wier wat,
 Wenn't Vader krigg tau wieten."

 „O Sünt Antonjus, hillge Mann!
 Stopp doch wier tau dat Löcksken,
 Dat'k auk min Middag äten kann,
 Un Var nich brück dat Stöcksken!"

 Dat arme Jüngsken bät't' un green;
 Sünt Tüns'! läts di nich bitten?
 He holl de Klüngeln fak bineen,
 Män't Löcksken bleef doch sitten.

 Da häf'k sin Vader, de em soch,
 Den Haut von'n Kopp afrieten
 Un in de Hieg — holp't Bäden doch? —
 Wo't Jüngsken satt, em smieten.

 „O Sünt Antonjus! hillge Mann!
 Stopp doch wier tau dat Löcksken!"
 Den Vader kam dat Lachen an;
 Wat mains? Gaf't wat met't Stöcksken?

Ne! jau! min laiwe Wind! antworde ik,
dat weet ik jä no so gut, äs wenn't von Dage
passeert wör. Da sall owwer min laiwe Vader
wul lachen, wenn he dat tau läsen krigg. Jau!

da segg't di vielmols Dank; denn socke Striepel=
röwen von Daders Stöcksken smöken nich be=
sonners, un ik häf se jä doch fakennaug kriegen.
Owwer nu moß mi auk no en Stücksken ut de
Kindhait von mine laiwe Mariann vertellen.
Dann sall se di auk morgen en Blaumenstrüsken
vör't Fenster setten, wenn du an usen Huse
vörbiküms.
Auk dat kann geschaihen, raip de olle Schelm
un schüttelde sik vör Lachen, dat en paar hunnert
Wiedenkättkes gans verschrocken von den Baum
herunner in't Gras föllen. Luster män!

Satt mol es dat klain Marjännken
An de Wand vör'n Muselock,
Harr nen Lan in't Puddelhändken,
Den se sölwer kortens trock.

„Kum doch, kum doch, lütke Müsken!
Hal di doch den ollen Lan,
Kum doch ut din düster Hüsken,
Sett mi gau en niggen an!"

Taihn Mol harr se't nu al segget,
Män kin Müsken kumen wull.
Da häf ik in't Wärk mi legget:
Blasen dai'k, äs wör ik dull.

Deernken kreeg en wahnen Schrecken,
Tänken foll in't Musehus.
Wat konn se de Hand trüggtrecken,
Dat är jau nich beet de Mus!

Un in't Mündken follt Marjännken:
„Jau, da kümt et al herut!
Mauder! kik! ik krig en Tänken,
Müsken brach et" raip se lut.

De stille Hottemann.

„Nich, Mauder! laiwe Mauder!
Nu kümt he boll heran
Op sinen witten Schümmel
De stille Hottemann."

„He sett't mi op den Schümmel,
De mi na'n Hiemel drägg,
Na boben in den Hiemel
Den schönen, lechten Wäg."

„De schöne, witte Strate
Met dusend gülden Stärn —
O, Mauder, moß nich grinen,
Ik ri met em so gärn."

„Laif Süsterken un Vader,
Wu Baide sik wul frait,
Wenn se op witten Schümmel
Mi annekumen saiht!"

„O, Mauder! moß nich grinen!
Ik was jä fromm un gut.
Still! häft da nich de Klocken,
De Hiemelsklocken lutt?"

„Still, Mauder! moß nich grinen!
Schutsengel is bi mi,
De wät mi nich verlaten,
Schutsengel staiht mi bi."

„Still! Hottemann kümt trügge,
Du blifs jä nich alleen,
Boll küms auk du na'n Hiemel,
Dann sind wi All bineen."

„Still! Mauder!" — Still is't woren.
De Mauder sitt un grint.
Un met bedröfte Süfser
Waiht üm dat Hus de Wind.

De gude Dat.

De Thränen, d~ dat Metleed grint,
Sind lechte Perlen ohn Vergang,
De Daten, de de Laifde döt,
En Ruheküssen läbenlang.

It sog, vertallt de Wind met sirlike Stimm, ne gude Menskendat. Kin Mensk hät se saihen, owwer ik sog se.

Et wören män en paar Grösken, de de klaine Jung gaff. Owwer et was dat erste Geld, dat sin eegen was; de Patöhm harr et em tau de Kärmiß schenkt. Un dat Jüngsken gaff doch dat Geld wäg, gaff et ut Metleed. Ne arme Widde=

frau, de met äre Kinnerkes Hunger leet, hät he dat Geld in't opene Fenster leggt. Un dann is he hennig wäglaupen, damet se em nich tau saihn kreeg.

De gude Dat kam ut en unschüllig Kinnerhärt. De Schutsengel hät de Botschop davon na'n Hiemel bracht. Da staiht se in't graute Bauk.

§

Dat Gewitter.

All min Läben lang sin ik en grauten Frönd von en Gewitter west. Denn davon assaihn, dat de Natur mangsen nich anners äs dör so eene utergewühnlike Gewoltdat von äre laigen, sindliken Dünste rainigt werden kann, jüst äs auk de Härgott af un tau mol en utergewühnliken Gewoltmensken graut wärden lät, üm de Menskhait von äre slechten, verdorbenen Säfte un äre kranken of afstorwenen Glieder tau befrien, kann ik mi auk kum wat Grötters un trots all sine gruseliken Grüggelikaiten Schöners in de Natur denken, äs so en hiemlisk Dunnerwär.

Wat is dat för en härlik Augenspiel!

Al lange is de Düwel dran, de grisen, müffigen Höllendünst tiegen den Hiemel opstigen tau laten un de Hiemelslucht tau verpesten, üm den Härgott tau tärgern. Ümmer dichter törnt he de Wolken op; ümmer griser, ümmer düstrer, ümmer swätter wät de Lucht. Boll saiht wi nicks mär von dat fröndlike blae Hiemelsauge.

De Menſken op Üren wärt bang, et drückt är ſwar op den Kopp, un mangereen päckt de Angſt an't Härt.

Owwer de Härgott boben lät nich met ſik ſpaſſen. He is al dran, Pulwer tau maken, womet de Dunnerbüſſen lad't wärden ſöllt. De Engelkes owwer, de ſik wat von dat Pulwer ſtibitzſt häft, ſtäket af un tau al mol ſon Häupken an, dat et män ſo pufft un pafft un knittert un knattert. Män de Apoſtel, de willt den Düwel bewiſen, dat ſe kin Spirken Angſt vör em häft. Hör män! ſe ſind luſtig an't kiegeln un ſo äffkes ſmeet Eener Alle Niegen.

Nu owwer is den Härgott ſine Geduld tau Enn. Bums! da fällt de erſte Schuß. Wu dat bliſt! Düwel! wu ſmäck dat? Hör es, wat he hült! Bums! de twerre Schuß. Wat dat grummelt! Bums! bums! bums! Schuß op Schuß! De Apoſtel helpt nu auk den Härgott. Un boll fangt alle Dunnerbüſſen op eemol an tau knallen, tau bumſen, tau ballern un tau bollern. Dunnerbeſſen! Düwel, wu ſmäck di dat? Hör es, wat he löpt, dat he futtkümt. Owwer de Härgott ächter em här, de ſall em dat Stänkern verdriwen. Bums, bums, räcketäcketäck! treckt he em wier en paar dröwer. Män ſchade! dat de Düwel ſon dick Fell hät. Räcketäcketäck! Räcketäcketäck! Dä! nu kumt auk no de Hiemelswiwer heran un gaitet Emmer op Emmer vull kolt Water ächter den Düwel här, dat et män ſo güt

un so plärt. Düwel! wu smäck dat! Godori! he
is futt. Datt konn he nich verdrägen; kolt Water?
dat was doch tau viel för em! He is futt.

De Engelkes schait't no met dat Pulwer,
wat öwrig bliewen is, ut de Kattenköpp, üm
äre Fraide tau wisen, dat de Härgott den Satan
mol es wier Mores lährt hät. De Lucht owwer
is wier rain, un boll süht dat Hiemelsauge wier
klar un fröndlik op us dal. Us Mensken wät
et fri in'n Kopp un licht üm't Härt, un wi
dankt usen Härgott, dat he us gnädig ver=
schont hät.

De Wind? Nu! mehrstens is he auk mächtig
tau Gang bi't Gewitter. De Härgott mok em
jä de Lucht wier rain, wat he alleen nich mär
trächt krigen konn. Drüm hät he auk hellsken
Fraide an Grummeln un Blitsen un hült ächter
den Düwel här, dat'm, wenn'm nich wüß, dat
he't is, graute Angst krigen könn. Owwer wenn't
Unwär vörbi is, dann is he mehrstens wier recht
fröndlik un milde; un dann häwwi em gärne.

Eemol na en Gewitter hät he me en lustig
Stücksken vertellt, dat em derbi passeert was.
Dat wick ju nu wier vertellen.

De Wind:

    Wat et suset, wat et bruset,
    Wat et rast, dat Dunnerwär!
    Wat et knittert, wat et knattert!
    T' bieft vör Schreck de ganse Ür.

Beßmor sitt in't Üchterstöfken
Met de graute Handpostill;
Dör de hillge Lechtmißkärße
Knait de Kinner müskenstill.

Dör un Fenster sind versloten,
Düwel kann dann nich herin,
Den de Härgott wier verwämset
för sin Nück un laigen Sinn.

Wut dat blitset! „Kinner, sägnt ju!
Härgott sla den Düwel daut!"
Wu dat grummelt! „Kinner, bät't ju!
Gott, errett us ut de Naut!"

Ümmer duller wät dat Unwär,
Ümmer düstrer wät de Dag,
Un de Angst wät ümmer grötter,
Da op eemol, hör! en Slag —

Räcketäck! „O Jeßmarjausep!
Kinner, rett't zu, laupet gau,
Dat de Düwel ju nich päcket,
Wacker makt de Dör wier tau!"

Un se laupet un se rennet
Ilig ut de Stow herut.
Beßmor! Beßmor! slut de Ruten!
Krischt in Angst de Kinner lut.

Wu se riddert, wu se biewert,
Dat de Fenster los gahn sind!
Maint, nu käm auk fats de Düwel —
Owwer't was män blaut de Wind.

De Hårfst.

De Härfst, de wilde Jäger is da!
Wuhu! Jickjack! he raset dör't Land,
He bruft met de ruggesten Stürme dahär,
Den grüliken Jäger kin Läben hält Stand.

Wuhu! de Bäume biewert vör Schreck,
De Blädder verwelket un fallet heraf.
De Gräser un Blaumen schüttelt de Angst,
De bleeken vergahet un sinket in't Graf.

Wuhu! en Grusel de Vügelkes päck,
Se flaiget so gau, se flaiget so wit,
De Hüchte un Hiegen un Büske sind stupp,
Kin Sang un kin Leedken mär wit un sit.

Wuhu! Jickjack! de gruslike Jagd!
De bunten Kaihkes rennt ilig tau Stall;
Kin lustig Föllen springt buten herüm,
Kin wälige Hengst öwer Tun oder Wall.

Wuhu! de Bieken un Flütte staht still,
Tau Is in Bärge un Däler verfeert,
De Ärde wät bleek, de Hiemel wät gris,
Un Daudesangst allwägen regeert.

Graf Eckbart.

Nich wit von mine Heemaud is en Böckenbusk, de ut lutter Rautböcken bestaiht. De Lüde ut de Ümgiegend nömt den Busk den Hullenwold, wil da in olle Tiden Frau Hulle wuhnt häbben sall. De Rautböcken, segt se, wören eegentlik Blautböcken un stammten alle von den eenen Baum af, worunner de erste Kindsmörderin är Kindken ümbracht härr. Ennige owwer segt, de Wold wör de Düwelsbusk, wil de swatte Düwelsbiek dör em flött. De Bieke owwer hät an eene Stie nen grauten daipen Kolk; de is piekswatt, un da unnen, segg man, hät de Düwel sin Rik, da is dat Höllenlock. Da wuhnt de Düwel met de Waterwikkes. De Waterwikkes sind boben Mensken met wunnerschöne Gesichter, unnen appat aislike Dirs. Wenn nu en Mensk an den Kolk vörbikümt, dann singt de Waterwiwer met söte Stimm; un wenn he nich fatsens wäglöpt, dann is et üm em geschaihen. Al mangereen hät dran glöwen moßt. Drüm gaht auk de Lüde ut de Ümgiegend nich gärn an den Kolk.

Ik owwer sin mol an den Kolk west. Et was gruselik schön. De Kolk keek mi an äs en unergründlik swatt Auge, so vull un so daip, so stur un so rüg; un mangsen, wenn de Sunn eenen von äre Stralen tüsken de Böme dör in dat Water fallen lait, was dat en Blitsen, en Löchten, en

Funkeln in dat swatte Woldauge! So süht man
dat auk wul bi Mensken, un socke Augen häft
ne gewoltige Macht op use Gemöt. Owwer
mangsen was et auk, äs wenn dat düstre Wold=
auge bläudig unnerlaupen was; dat kam dör den
rauden Schin von de Rautböcken, de rings üm
den Kolk stönnen. Un so fürig raut süht man jä
auk dat Menskenauge, wenn de wilde Lidenschop
dat Blaut tau Höften driff. Gruselik schön was
et an den Düwelskolk. Un no grüggeliker wor
mi't, äs ik op eemol sog, dat ik met minen Arm
op'n Denkstecn liende, den ik vörhär nich saihen
hadde. Op den Denksteen stonn unner twee in=
enanner verwassene Härten schriewen:

   Schön Athe verdrunk,
   Graf Eckbärt versunk,
   De Härgott mögg't är vergiewen!
   En laisliken Sang,
   Den Bösen sin Klang,
   De hät in dat Water se driewen.

 Mi öwerlaip en Schudder. Hu! villicht was
den Grafen sin Auge auk so swatt, so vull un
so daip, so fürig, so glainig. — Hör! was et nich,
äs wenn da Een süfst härr? — Ik woll opspringen
un wäglaupen, owwer äs ik wier in dat swatte
Woldauge keek, was mi t, äs wenn ik bannt wör.

 De Wind owwer ruschde dör de Bäume un
sung:

Huhu! Graf Eckbärt!

Här Eckbärt, Graf von Duttkenholt
Ritt von sin Sloß na'n Hullenwold.

Graf Eckbärt dör de Feller suſt,
Äs Sturmwind dör de Wäller bruſt.

Graf Eckbärt mäck in düſe Nacht
Sit ſiemtaihn Jahr de wille Jagd.

Wenn auk kin Man of Stärnken lacht,
De Hiemel ſölfs met Dunnern kracht,

De Graf mott ſatteln ſinen Hengſt
Un rien in Naut un bange Ängſt.

Un vör em ſitt en grülik Wicht,
Slütt an ſin Borſt är wild Geſicht:

Sin bös Gewieten met em ritt,
Dat mok ſo bleek em un ſo witt!

Dat mok em gris de ſwatten Har,
Verlait em nich ſit ſiemtaihn Jahr.

Jüſt ſiemtaihn Summer harr ſe ſaihn,
Jüſt ſiemtaihn Maien droff ſe blaihn,

Von Duttkenholt dat blunde Kind —
O Rüter! renns jä äs de Wind.

Schön Athe, Graf! is lange daut,
Är kwält nich mär de Härtensnaut.

Vör siemtaihn Jahr in stille Nacht
Da hät schön Athe sälig lacht.

De Rautböck hir, de hät et saihn,
Et was bi'n ersten Kuckuckschrain.

Da firtes, Graf von Duttkenholt,
Du Hochtidsnacht in'n Hullenwold.

Un na en Jahr gong still alleen
Schön Athe in den Wold un green.

Süh hir de Rautböck, wu so raut,
De Blädder sind so raut äs Blaut!

Süh hir den swatten Kolk, so daip,
So düster, hör! we raip, we raip?

„Graf Eckbärt! kum, ik sin so bang,
Graf Eckbärt! kum, ik wocht al lang."

„Schön Athe un en Grafenkind
Hir unnen bai tausamen sind."

„O kum un niem us op din Roß
Un breng us na din Grafensloß!"

„De Tid is üm, vörbi de Kwal,
Graf Eckbärt, reets taum lesten Mal!"

Graf Eckbärt treckt den Dolch herut
Un prückt den Hengst, de schümt vör Wut

Un bäumt sik haug un springt heraf
Un drägg sinen Rüter in't natte Graf.

De Wellen sprütst, de Bieke brust,
Dör'n Hullenwold de Sturmwind sust.

  Huhu! Graf Eckbärt!

Tau late.

Se ligg in't Brädderhüsken,
Är Suhn ligg in de Knai,
He grint so lut un hadder,
Se hört nich sin Geschrai.

So lange harr se wochtet,
He kam nich wedder trügg,
In Sus un Brus sin Läben,
He sollt är Härtleed nich.

„O Suhn! häs mi vergäten,
O denks nich mär an mi,
Denks nich mär an din Mauder,
De läwet blot för di?"

So lange hät se wochtet
Un stille süfst üm di.
Da konn se't nicht mär drägen,
Un endlik was't vörbi.

Nu büs tau late kumen,
Se süht di nich mär an.
„Min Suhn! ik häf vergiewen"
Se nich mär seggen kann.

Doch ſtill! du drafs nich grinen,
Du ſölwer möks den Sark,
De Nägel un de Brädder,
Du möks ſe ſpitsk un ſtark.

Wat grins du denn ſo hadder?
Du häs et jä ſo wollt:
De olle, olle Mauder,
Se hät jä ſtärwen ſollt! —

Derbuten raſt de Härfſtwind;
So wild he hült un ſuſt,
In Suhneshärt derbinnen
En Sturm no ſtärker bruſt.

De rugge Wilm.

De Klock ſlog twälf.

Un ſtille Ruh is öweral
Un nörgens mär en Dageslut.
De Landſchop ligg in daipen Slap
Äs reſt ſe ſik von Arbait ut.

De Man an't blae Hiemelſtelt
Kickt frö̈ndlik op de Är hendal,
Un wo ſin milde Auge ſtralt,
Schint Ruh un Fräden öweral.

Doch ne! da op den Schultenhof
Da wakt alleene no en Mann.
Den nich de Slap de Augen flot,
De nich in Fräden ruhen kann.

Süh! äffen trätt he op den Hof.
Wu wild verstört is sin Gesicht!
Wu flickt he sik so schü dahär,
Äs schüd' he sölfs dat Mandenlicht!

Wu spölket he, of Nüms em süht!
Un wu he süfset, ankt un stühnt!
„O Mann! drückt di so sware Schuld?
Of is de Seele di betühnt?"

„Segg an, wat woß in late Nacht,
Wat woß du denn met Schut un Äcks?
O rugge Wilm! wat häs du vör?
Hät di verweert ne laige Häcks?"

„Woß säuken en vergrawnen Schats,
De in de Är verborgen ligg?
Of häs du Böses in den Sinn?
Verdrägg din Don dat Daglicht nich?" —

Ne Ule schraide. Wu he bieft!
Wu bleek un fahl sin Antliet wät!
Wu süht he sik so ängstlik üm,
Wat em so arg verfeeret hät!

Süh! nu op eemol löpt he futt
In dulle Hast da öwer't Schemm
Un rennt so ilig dör den Kamp
Äs wörn Gespenster achter em.

He löpt, he rennt büs an den Wold
Büs vör de düstre Woldslucht hen.
Da staiht he still, äs wör he bannt,
Äs wörn em bunnen Fäut un Hänn.

„Wat sühs du denn so fürchterliks,
Wat bannt di vör de Slucht so fast?
Mains du, et wör en bleeken Geest
De Birke da met witten Bast?"

„O Wilm! nicks Gudes kann et sin,
Wat du met Angst in Härten drägs,
Nicks Gud's, wat in de Slucht di driff —
Wul bäter still da unnen lägs!"

Nu swackt he in de düst're Slucht,
Boll staiht he still, boll gaiht he wier —
Op eemol, hör! wat lacht he wild!
Segg, fünns de Stell? Was't hir? Was't hir?

Jauwul! jauwul! hir is de Stie,
Hir is de daiwessiekre Plats,
Da bi den Dörnbusk in de Ür
Vergrof he sinen düren Schats.

Wu glainig sine Augen glöht,
Da nu in feewerwilde Hast
He met de Äck's un Schut hanteert
Un haut un gräff ahn Ruh un Rast.

Un ümmer daiper dringt de Äck's,
Un ümmer breeder höhlt de Schut,
Un ümmer högger stigg de Angst,
Of auk de Schats no sieker ruht.

Nu süht he em, he bückt sik dal.
„Ligg da de Schats? Fünns du em, Bur?
Sühs du de Kist mit idel Gold?
Wat kicks du denn so gruslik stur?"

„Worüm denn bück's nich daiper dal?
Wat staihs du denn so stur un stupp?
So grip doch, grip doch na den Schats,
Of mains, he stönn von sölwer up?"

Nich is't ne Kist met idel Gold,
Nicht lacht em blenkert Sülwer an:
Twee opne Menskenaugen sind't,
De Augen von en dauden Mann!

Dat Antliet von sin eegen Bror,
Sin Vaders Suhn, sin Manders Blaut,
De Ärfschult von den Schultenhof,
De rugge Wilm, de slog em daut!

De rugge Wilm staiht da so stur,
He kickt un spölket so verlorn —
Un Bruadermörder! krischt he wild —
De rugge Wilm is unwis worn.

Winter.

We is in witten Mantel
De olle grise Mann,
De dör de kahlen Feller
Da gienten kümt heran?

„Dat is en Daudengräwer,
De gräff de Ir dat Graf:
Kin Blättken un kin Bläumken
No länger läben draff."

„He kam met Snee un Hagel,
De smitt op't Graf he gau,
Met Is deckt he de Kulen
Un Flütt un Bieken tau."

„He kam met Kraihn un Ulen,
De singt den Grafgesang;
Min Susen un min Brusen
Is Daudenklockenklang."

Vergiewens.

De trüen, guden Augen
Kikt em no eemol an,
Dann slütt se se för ümmer;
Alleen is nu är Mann.

De staiht, äs wör he nagelt
Met isern Nägel fast,
Äs drögen sine Schullern
Ne graute, sware Last.

„De trüen, guden Augen!
De Laifde drin was din!
O Mann! könns du nich föhlen
Darin de stille Pin?"

„Är kindlik-fromm Gemöte,
De daipe Andacht drin!
O Mann! konn week nich wärden
Din hatten, wilden Sinn?"

„De raine Seelenguthait,
Dat dugendsame Härt!
Mann! konn din räuklos Läben
Nich wiken Rü un Smärt?"

„O Mann! se was din Engel,
Den Gott taum Schuts di gaff;
Du häs em von di wiesen,
He wand sik von di af." —

De Augen blift em dröge,
En trurig Für da brännt,
Dat kann kin Water dömpen,
Dat Für, dat brännt un brännt.

Dat brännt — denn ut fin Härte
Kin Thrän mär kumen will:
Wo't Härt en Steen is woren,
De Thränenbiek staiht still.

De Sturmwind kann wul bräken
Ne starke Riseneek,
En steenhatt Menskenhärte
Mäck sölfs de Daut nich week.

Ellernlaifde.

Ik sog wat von de Ellernlaifde, vertellde de Wind. Et was bi en paar olle Lüde, wo ik von Nacht west sin. Late wören de baiden Ollen an den Abend tau Bedde kumen. Denn de verliedene Dag was de schönste Läbensfirdag för är west; se hadden de güldene Hochtid firt. Niegen Kinner wören är eegen, un alle wören kumen, dat schöne Fest met tau firn. Denn se höngen alle met Laifde an äre guden Ellern. Ne graute Fraide was dat west an den Dag för Ellern un Kinner un Kinneskinner. Nu owwer läggen se alle un slaipen. Auk de Güldenhochtidslü läggen in dat graute Hiemelsbedde un flaipen. Twee graute Härten ut Goldpapir met de Tal 50 höngen an den Beddekwast öwer är. De Mauder drömde von sik sölwer; denn se söll naigstens Ankemauder wären, un da drömde se nu ganz sieker, dat et en Mäken wör, dat ären Namen kreeg. Auk de olle Mann drömde. Owwer he wor midden in'n Draum wach; denn em soll in, dat he wat Wichtiges vergäten harr. Sachte stott he sine Frau an. Owwer se wor nich wach. Da stonn he alleen op un lagg sich op de Knai un bät'te sin däglik Morgen- un Abend-Gebät taum laiwen Härgott, dat Gebät för sine Kinner.

Dat Sniderdönken.

Ik sog en merkwürdigen Denksteen, vertallt mi de Wind. He staiht op'n westfälsken Kärkhof un is ut't vörige Jahrhunnert. Dat steenern Krüts is swarens äs annere Krütser auk. Män wat drop staiht, dat is sonnerbar.

Op de Vöderfit sühfde en Siegenbock; drop sitt en klain, krummpuckelik Kärlken, met en Bart äs en Hittebuck un en Naihhaut äs Helm op'n Kopp. De Taum, den he in de Hand hät, is so dünn äs en Twärnsfam. An sine Sit owwer hängt ne graute Schär, dat is sin Säbel, un twee Naihnadeln sind sine Sporn. Unner dat

Beld staiht prämpelt: Hir ligg Mester Knopp, Snider un Dichter ut Pralpott. He is 77 Jahre olt worn. An densölwen Dag, äs em de Daut met sine Mesterschär den Läbensfam affniepeite, dai auk de olle Lisa, sine trüe Hitte, de Augen tau un starf. Mester Knopp is auk de Dichter von dat allbekannte Sniderdönken, wat op de Trüggsite von düsen Denkfteen schriewen staiht.

Un op de annre Sit stonn würkelk dat Sniderdönken. Schrif't op! Et wör scha, wenn't verloren göng. De Sniderslü owwer wärt sik fraien, wenn se't tau läsen krigt.

So lütt dat Dönken:

> Un wenn de Snider raisen will,
> Un hät he jüst kin Geld,
> So sett't he sik op'n Siegenbuck
> Un fecht't sik dör de Welt.

> Un wenn de Snider friggen will,
> Un hät no kinen Bat,
> So schärt he sinen Siegenbuck
> Un mäk sik stif un stat.

> Un wenn de Snider prügeln will,
> Un find't just nich de Ell,
> So jägg he sinen Siegenbuck
> Dat böse Wif op't Fell.

Un wenn de Snider hiemeln will,
So bliff he auk nich ful,
He sett't sik op'n Siegenbuck
Un nimt den Stärt in't Mul.

De Düwel, de em riden süht,
Lät richtig em vörbi,
He maint, de Kärl op'n Siegenbuck
Wör een von sine Lü.

Sünt Peter owwer winkt un röpt:
"Hehe, du Snidergesell!
Wenn du villicht na'n Hiemel wost
So büs an rechte Stell.

De Snider op den Siegenbuck
Ritt froh dör't Hiemelsdor.
Dann snidert he sneewitte Röck
För't ganße Engelchor.

Draum un Wurkelkair.

Se wihten ne nie Kärke in, ik was derbi, vertellde de Wind. Ik was dör't opene Chorfenster flogen un satt op de steenerne Blaume von den schönen Haugaltar. Kiner konn mi saihn, owwer ik sog se alle. Op den Prägstauhl stonn de Prister un prägde tau sine junge Gemainde.

Dat Dorp was no kine twintig Jahr olt.
En riken Fabrikhärn harr et baut, een Hus
na't annere, un endlik auk de Kärke. De wor
nu inwiht. Un alle, de da wören, drögen Firdags=
kleeder, un alle lusterten met Andacht op dat, wat
de junge Prister tau är sagg. He prägde von
de öwer Alles gewoltige Macht von de Laifde,
wecke de Menschen tau Engeln un de Ärde
tau en Hiemelrik mök. De junge Prister sprok
ut warmen Härten, un de em so prägen hörten,
wören week, un viele von är kämen de Thränen
in de Augen.

Owwer Kiner von är alle dach daran, dat
an desölwe Stie, wo nu dat Dorp stonn, vör no
nich hunnert Jahr ne fürchterlike Feldschlacht was,
Kiner von är wuß, dat jüst da, wo nu de Kärke
stonn, en grauten Daudenbrink was, wo viele
dusend Menskenläwen begraben ligt.

Ik owwer sog den glainigen Haß, womet
de Menken Menskenblaut in Ströme vergoten,
ik sog den ruggen Daudengräwer in blaen Rock
met rauden Kragen, wu he dusende von Männer=
läben hir in de Ärde lagg.

De Dauden owwer da unner de Kärke. Wat
mügt se wul dacht häbben, äs se den jungen
Prister sine Wörde von ewige Laifde un ewigen
Fräden hörten? —

Wu de Musik von'n Hiemel kam.

Dat de Musik von'n Hiemel is, wiet't ji sieker alle wul. Denn süs säggen ji nich „De Musik is ne hiemliske Kunst" of „de Musik is hiemlisk= schön." Owwer wu de Musik von'n Hiemel op de Ärde kumen is, dat is ju gewiß no nich bekannt. Jk wüß't auk nich, wenn mi't de Wind nich vertellt härr. De owwer mott et wieten; denn he is jä de ewige Musikant in de Natur, de alle Jnstrumenten spielt, de't män giff. Of häjji no nich hört, wenn he op Wolken da= härbruft un op de graute Weltposaun sin gewol= tige Heldenleed blöß? Häjji no nich in Andacht lustert, wenn he in den härliken grönen Wolddom met de slanken Pilers un de spitsken Bogens dat mächtige Örgel brusen lött? Häjji nich faken de fraide hat, tau tau hören, wenn he met de lustige Bieke en Duett mok, de Bieke op de sülwerne Klarnet un he op de flaitpip ut Raitrohr? Un wu schön klung't, wenn auk frau Nachtigal met= spielde of alleen en Sololeedken sung! Dat is dann en Naturkonzert, äs ji't schöner in kinen Musiksaal tau hören krigt, nich wahr? Un dann erinnert ju es dran, wenn ji mol in't hauge Gras lägen häft; wu hät he da op sine Vigeline herümfidelt! Odder wenn ji unner'n Baum, be= sonners so eenen met lange spitsken Blädder, fö'ten häft; wu dat wispelde un rispelde un süselde, erst sinnig un sacht, gans lise, dann stärker un ümmer stärker answoll, büs et endlifs mächtig ruschte!

Un we von us is dat nich al passeert, dat wi derbuten gans verwünnert op eemol stahn bliewen sind? Kling klang! lutt et, un richtig! da spielde de Wind sin sonnerbar Stück op de Windharfe; et klingt äs wenn't von Menskenhand geschöh. Gans siefer! de Wind is de ewige Musikant, wenn sine Musik auk ne annere is äs de, wecke de Mensken bedrift. Owwer he weet, wo düse hiemlische Kunst op de Ärde kumen is. Paßt män op!

Et is met gans natürlife Dinge taugahn, fong he an. Äs Gott de Här de Welt boll färig harr, steeg he von'n Hiemel na de Ärde herunner, üm da de leste Hand an tau leggen. Mürt was se al. Owwer se was no nackigt un kahl. Grön Gras owwer un bunte Blaumen, Planten un Böme un lebennige Dirs söllen drop wassen, damet de Mensk gärne op Ärn wuhnen könn. Drüm kam de Härgott nu met de Engels na de Ärde, üm se wuhnlik tau maken un tauleft auf no den Mensken tau erschaffen. De Engels drögen em de Reeschop, Satkorn, Planten, Steener un Lehm un wat he süs no nödig hadde. Ertsengel Gabriel drog den Bauplan, worop Alles afteekent was, auk dat erste Menskenhus, worin Adam un Eva wuhnen söllen. De Cherubims un Seraphims owwer, de hiemlifen Sänger un Musikanten drögen de Musikinstrumenten. Denn se mößen datau singen un spielen, äs Gott de Welt erschof. Un de Ärde was denn endlik auf so wit färrig, dat se met schönste Maienpracht andon blaut no op den Mensken, ären Härn wochte. Un Gott bückte sik dal un erschof den Mensken na sin Ebenbild.

De Engels süngen un spielten datau so wunnerschön, dat de Stärns an'n Hiemel gans sälig lusterten. Da owwer hät et op eemol fürchterlik kracht un dunnert; daröwer häft sik de Engels so verfeert un verschrocken, dat se de Instrumenten fallen laiten un ilig wier na'n Hiemel trügg flögen. Dat Krachen un Grumeln harr de Düwel don, üm den laiwen Gott tau tärgern, damet de Mensk nich so wärn könn, äs Gott dat woll. Gotthär is denn auf den Düwel nalaupen, üm em tau packen. De Mensk owwer is daröwer vergäten bliewen un op socke Wise nich tau Voliendung un Vullkumenhait kumen.

De Instrumenten owwer hät he henocher funnen un damet is em en schön Hiemelsgeschenk tau Deel woren

Denn de Musik is et, de us met äre Wunnertön seggen kann, wat wi an Lust un Leed in use Seele drägt un woför wi kine annere Sprake häft. Un wenn se klingt, swäft use Seele von de Ärde wäg sälig na'n Hiemel.

Dat hauge Leed an't Vaterland.

Ik fog en echten dütſken Mann, vertallt de Wind. Boben in'n Norden ſtonn he an'n Meeresrand un keek na Suden in ſin Heemaudland. He ſung en Leed an't dütſke Vaderland.

Dat Meer ruſchte gewoltig, äs wör et mächtig bewegget. Ik owwer ſpielde op de Äolsharfe, de in de ſteenerne Meeresbucht hong, de ſchönſte Melodi tau dat Vaderlandsleed, dat alſo lutt:

O Dütſkland, du min Vaderland!
Wu doch dat Wort ſo mächtig klingt,
Wu't ſtolt un doch ſo heemlik ſacht,
So ſtark un mild dör't Härte dringt!

O Dütſkland, du min Heemaudland!
So vull von ſtolte Männerkraft,
So trü in Wort äs ſtark in Dat,
In di flütt ewge Läbensſaft!

O Dütſkland, du min Härtensland!
Wo echte Frauenlaifde blaiht,
Wo Schönhait nich ahn Sittſamkait,
Wo raine Dugend nich vergaiht!

O Dütſkland, du Gedankenland!
Wo dütſke Geeſt ſo ſunnenklar
Dat Denken un dat Wollen lenkt,
Wu ſtrahlt din Höwed wunnerbar!

O Dütſkland, min härtlaifſte Land!
Wo häf't di laif, du dütſk Gemöt!
Äs Mandenlicht ſo mild un week,
So rik un doch dör Eenfolt ſöt!

O öwer Alls, min dütſke Land,
Du aller Länder Künigin!
Haug öwer alle Völker löcht't
Din hauge Art, din haugen Sinn!

Kumt, dütſke Männer! dütſke Fraun!
Kumt an un lowt met Härt un Hand:
Tau wicken nich von dütſke Art
Un trü tau ſin ju Vaderland!

Dat Lăbens-Blatt.

> Dat Menſkenläben is en Feld,
> De Menſk bebaut't äs Ackersmann,
> En Jeden ſoviel tau is dellt,
> Äs he met Flit beſtellen kann!

Bevör ik di Adjüs ſegg, laiwe Landsmann! mott ik di no dat Läbens-Blatt wiſen, dat mi de Wind för di, för mi un för us Alle tauföhrt hät. Et was en pergamenten Blatt, dat he mi tau= drog, un äs ik et opnam un em frogg, wat ik damet anfangen ſöll, ſagg he: „Niem't met na Hus un hang't in dine Kamer öwer din Bedde op, damet du't morgens un abends läſen kanns; un wat drop ſtaiht, ſchrif för dine Landslüde ſin

un suber af; mangeren kümt von den rechten
Läbenspatt af un gaiht op de Ribbelbahn, man=
geren kann't bruken." We't west is, de dat Blatt
verloren hät, woll mi de Wind nich seggen.
Owwer sieker is dat Blatt ut dat Läbensbauk,
un de, we et schriewen hät, is ganz gewiß Eener
west, de't met di un mi un met alle Mensken
gut maint; un drüm wiwwi de guden Ratsläge,
de he us giff, gärne anniemen un sine Wörde daip
in use Härt schriwen, nich wahr?

  Holl an, min laiwe Ackersmann!
  Ik bidde, dat es stille staihs
  Un sühs di mol bedächtig an,
  Wat trügges ligg, ähr wider gaihs.

  Du kicks verwünnert, Ackersmann?
  Ai jau! di maint, din Ackerfeld!
  Kik nipen tau un segg mi dann,
  Of Alles drop auk recht bestellt.

  Du wees nich recht, wat seggen saß?
  Ai nu! ik main, of auk Verstand,
  De Knecht met blanken Plaug et was,
  De plögde op din Ackerland?

  Ik main, was auk de Reeschop recht,
  Häs brukt se met Bedacht un Flit?
  Wörn Korn un Kinen auk nich slecht
  Un häs du sait tau rechte Tid? —

Du schüttels trurig met den Kopp? —
De Saten staht doch haug un stat! —
„Op'n Acker is auk Unkrut drop",
„Laig Unkrut unner gude Sat."

T'is slimm! T'is slimm! Doch tröst di, Frönd!
Kin Läben ahne Fähler bliff;
Doch wees jä, dat wi't ännern könnt,
Wenn män Vernunft tau Bätrung driff.

Dat is ne wackre Magd, nich wahr?
De nicks ahn Öwerleggung döt,
De Alles süht so sunnenklar
Un Alles recht tau maken weet!

Wat seggs? Se gaff nicht ümmer Acht,
Sog nich op Alls in Hus un Feld? —
Frönd! hölls auk sölwer ümmer Wacht,
Wenn sik de Unvernunft hät mellt?

Verlait di mangsen nich Vernunft,
Jögs du nich futt de trüe Magd?
Funn Unvernunft nich Unnerkunft,
Hät Lidenschop nich bi di dagt? —

O Frönd! wo düse twee regeert,
Da is't üm Alles slecht bestellt:
De Kin vergaiht, dat Korn verreert,
Dat laigste Unkrut schütt in't Feld.

Din Auge stralt so klar un fri?
Nich wahr, du föls di schuldenrain?

Dat Bätre hät de Macht in di,
De ruggste Sturm kann't nich verwaihn! –

Doch segg, wu staiht et üm de Biek,
De wätern mott din Ackerland,
Damet de Gras- un Blaumendiek
Kann laislik decken Lehm un Sand? —

Din Antliet wät so mild un week,
So laif un fröndlik sühs mi an?
O kum, de Hand, de brawe reek,
Ik pris di glücklik, Ackersmann!

Wo Laifde dör dat Läben flütt,
Da flütt de beste Läbenssaft,
De't sötste Glück in't Härte gütt
Un met sik brenget Sägenskraft.

O glücklik! wo nich Hass de Steen,
De ären Laup entiegen staiht:
De raine Menskenlaifd' alleen
Is Läbensborn, de nich vergaiht.

Kin Wörtken spräck de Laisd' ümsüs,
Den Lauhn dat eegen Härte giff,
Kin Laisdesdat den Wärt verlüss,
Taum Traust Erinnrung ewig bliff. —

Du süsses, frönd! un wist voll Smärt
Op't Hailandskrüts, dat gienten winkt
Äs Teeken för dat Menskenhärt,
Dat Liden dör dat Läben klingt?

O segg, kann kennen Fraid un Lust,
We nich von Pin un Liden weet?
Dat si di hopnungsvull bewußt
Dann drägs gedüllig auf din Leed.

Un is't denn anners in Natur,
Wo morgen fällt, wat hüte staiht?
Ahn Liden läft kin Kreatur,
Wat wät, mott liden, büs't vergaiht.

Da denke dran, dann wät din Sinn
Na falsse Läbenslust nich stahn:
Ne Seepenblas! de Wind blöß rin,
Gau mott de bunte Schin vergahn.

Doch echte Fraiden Blaumen sind,
De trösten könnt in Pin un Naut,
De blaihen könnt trots Sturm un Wind
Un sölfs versöten könnt den Daud.

O Kinnerlaifde, Frauentrü,
O Männerfröndschop, wu so schön
Könnt met de Laifdesfarwen ji
Dörwäwen us dat Läbensgrön!

Du grips so ilig na min Hand?
Auf düse Blaumen drägg din Feld?
Dann, Frönd, wünsk di kin bäter Land,
Den schönsten Schats häs op de Welt. —

Män nu, Gott help! Här Ackersmann!
Mak hennig tau, dat wider küms,

No eemol segg't di't, denk mi dran,
Dat Härt un Kopp tausamennims!

Schaff wacker, Frönd, för Frau un Kind!
So ilig laupt de Stunden futt,
Kum dat de Arbait Anfang find't,
Hät auk de Abendklock al lutt.

Gott help! dat rechten Sägen strais!
Et klingt so fröh de Dautsposaun.
Drüm sorg, dat enstens gut bestaihs
In Wort und Dat vör Gottestraun!

Wörter-Verzeichnis.

ächter = hinter
Äcks = Art
äffen, äffkes = eben
aislik = häßlich, schändlich
al = schon
Ankemauder = Urgroßmutter
anken = ächzen
Ansesi = Anna Sophia
appat = aber
Ür, Arde = Erde
Ürfschult = Erbschulze
äs, as = als
bai = beide
batt = nützt
Bast = Rinde
Baumester = Oberknecht
benaut = beengt, beklemmt
Beschüt = Zwieback
Beßmor = Großmutter
betühnen = bezaubern,
    bestricken
Biek = Bach
biefs = bebst
Bisterbahn = Irrbahn
bla = blau
blenkert = blinkend

Böck = Buche
bölken = laut schreien
boll, bolle = bald
bollern = poltern
Bolts, Boltsen = Kater
Brink = Hügel
Bücks = Hose
Bullerjan = Polterer
buten = außen, draußen
Buterschin = äußerer Schein
dängeln = klopfen, vom
    Schärfen der Sense
dai, daien = that, thaten
daip = tief
dal = herab
derdale = zu Boden
den = her
Dik = Teich
dömpen = dämpfen, löschen
Dönken = Liedchen
dör (kurz) = durch
    (lang) = thöricht
Dorwind = Wirbelwind
droff = durfte
drög = trocken
Drümelhans = Zauderhans

Dunnerbüssen = Donner-
　　büchsen
es = mal, einst
es mol = einstmal
sak, saken = oft
sakennaug = oft genug
sam, sämken = Faden,
　　Fädchen
sast = fest
sats, satsen = sofort
Firamtsstille = Feierabendstille
Flitk = Flügel
fraisen = frieren
friggen = freien
Gärner = Gärtner
gau = geschwind, schnell
Gejäul = Katzengeschrei
gibbelig = lachlustig
gienten = hinten
glainig = glühend
Glorärsekes = Glühwürmchen
Gneesepot = Grinser
gnüggeln = schmunzeln
Godori! = ein Fluch
grinen = weinen
gris, grisig = grau
grumeln = donnern
hadder = hart, heftig
häjji, häst ji = habt ihr
Härgottspärdken = Marien-
　　käfer
häwwi = häst wi = habeu wir
hellsken = höllisch, ungeheuer

hendal = hernieder
hennig = behende
hott un har! = rechts und
　　links! vom Lenken
　　der Pferde
Hiege = Hecke
Hitte = Ziege
Höst, Höwed = Haupt
hö't = hüten
Hucht = Strauch
Hullenwold = Wald der Frau
　　Holle
humpeln = hinken
Haut = Hut
Jmt = Frühstück
inböen = einheizen
ink = euch
jöhen = laut singen
k' abgekürzt für ik = ich
Kamp = Weide, Feld
Kärktorn = Kirchturm
kiken = sehen
Kin, Kinen = Kein
klabastern = lärmend laufen
klait = kratzt
Köhle-Külken = Grübchen
　　zum Kühlen
Klüngel = zerrissene Klei-
　　dungsstücke, Lumpen
Kolk = tiefe Stelle im Bach,
　　Teich o. a.
Koppwie, Koppwiede =
　　Kopfweide

krijölen = lärmend jauchzen
Kule = Grube
küren = reden, sprechen
Käte = Wade
kwick = kregel, lebendig
Kwickstärt = Bachstelze
laige = böse, schlecht
lat = spät
lecht = hell
Lewerink = Lerche
Lucht, Luft = Luft
lück = wenig
lurig = laurig, betrübt
lustern = lauschen
lütk = klein
Mäken = Mädchen
män = nur, aber, jedoch
Man, Mand, Mänken, Möndken = Mond, Möndchen
mangs, mangsen = manchmal
mock, mott ik = muß ich
mö = müde
Möhn = Tante
Naigde, Nägde, Nögd = Nähe
naug, genaug = genug
niegen = neun
Niewel = Nebel
nipen = nahebei, bedächtig
nömen = nennen
nörgens, nörns = nirgend
Nück = Tücke
Nüms = Niemand

owwer = aber
Pärsk = Pfirsich
Patt = Pfad
piekswatt = pechschwarz
Plaug = Pflug
plärn = stark regnen
prägen = predigen
Prägstauhl = Predigtstuhl
prämpeln = Fraktur schreiben
prückern = mit spitzem Gegenstand stechen
Prumenbaum = Pflaumenbaum
rabraken = tosen
rängstern = lärmen
Raitrohr = Riet
Rautböcken = Rothbuchen
reern = fallen
Reeschop = Geräthschaft
Ribbelbahn = Irrweg
richt = gerade
riddern = zittern
rien = reiten
röchterig = erregt
rögen = regen, rühren
rüg = ruhig
rugg = rauh, wild
Ruten = Fensterscheiben
Ruten Bur = Eckstein Bauer im Kartenspiel
säß = sechs
Sais = Sense
Schemm = Steeg
schennen = schimpfen

Schür = Schenne
Schut = Spaten
siemtaihn = siebzehn
sig = niedrig
sinnig = (sinnend) leise, sacht
Slipstärt = Schleiffsterz
Spirken = Spürchen
kin Spirken = kein Spürchen
splentern = spritzen
spölken = starr blicken
Spricker = Reiser
spürtern = spützen
Stowe, Stöfken = Stube, Stübchen
Striepelrowen = Stielrüben, scherzhaft für Hiebe
stupp = stumm
stur = starr
süs = sonst
Süster = Schwester
swacken = schwanken
swart = schwarz
Caihnürken = Zehnührchen als Frühstückszeit
't abgekürzt für et oder dat
tärgern = ärgern
Tewen = Zeh
tiegen = gegen
törnen = thürmen
trecken = ziehen
trügg = zurück

truseln = rollen
Tun = Zaun
tüsken = zwischen
Twärnsfam = Zwirnsfaden
Unnerstunn = Unterstunde vom Nachmittagsschläfchen
Unwär = Unwetter
Utstür = Aussteuer
verfeeren = verschrecken
verlais = verlier
verlieden = vergangen
verreern = ausfallen
vertellen = erzählen
verwämsen = aufs Wams hauen
verweert = verwirrt
wahn = wüthend, groß, sehr
wälig = ausgelassen, wohlig, besonders von Pferden
wälmäudig = übermüthig
wät = wird
weeste = weißt du
Wicht = Mädchen
Wiedenkättken = Weidenkätzchen
wier, wedder = wieder
wick, will ik = will ich
wijji, willt ji = wollt ihr
Wisk = Wiese
wochten = warten
woß = willst du
zad = zart.

Verlag von Albert Ahn, Berlin, Köln, Leipzig.

Augusti, Bertha. Erinnerungsblätter aus dem Leben einer deutschen Frau. Mk. 1,—, geb. Mk. 1,50.

Bär, Berthold A. Die Grafen von Manderscheid. Ein Sang aus der Eifel. Mk. 1,50, geb. Mk. 2,50.

Barazetti, Sophie. Mammon. Roman in 3 Büchern. Mk. 2,—.

Barbier, Jules. Nero. Ein dramatisches Gedicht in 5 Akten. Freie deutsche Bearbeitung von Adolf Ebeling. Mk. 1,—.

Bennert, J. C. Trinkkunst. Mk. 1,50.

Bródy, Alexander. Eine Doppelseele. Roman. Mk. 2,—.
— Die Tote. Roman. Mk. 2,—.

Colombi, Marchesa. Ein Geständnis. Erzählung. Mk. —,50.

Cüppers, Ad. J. Im Banne der Wiedertäufer. Roman aus dem 16. Jahrhundert. M. 4,—, geb. M. 5,—.

Düntzer, Heinr. Goethes Verehrung der Kaiserin von Österreich, Maria Ludovica Beatrice von Este. Mit dem Bildnis der Kaiserin. Mk. 1,—.

Ebeling, Adolf. Fürstin u. Professor. M. 2,—, geb. M. 3,—.
— Das Geheimnis des Priesters. Erzählung. Mk. 2,—.
— Thürine. Dorfgeschichte. Mk. 1,—.
— Verloren. Erzählung. Mk. 2,—.

Enking, Ottomar. Vereinsamt. Erzählung. Mk. 1,—.
— Schlantsch'lena. Illustr. Umschlag von O. Eckmann. Erzählung. Mk. 1,20.
— Ragna Svanoe. Erzählung. Mk. 2,—.

Galli, E. Ich bin allein. Erzählung. Mk. 1,—.

Hedberg, Tor. Judas. Eine Passionsgeschichte. Illustr. Umschlag von O. Eckmann. Mk. 2,—, geb. Mk. 3,—.

Humperdinck, Gustav. Auf der Lebenswanderschaft. Gedichte. Mk. 1,—, geb. Mk. 1,50.

Junghans, Sophie. Um das Glück. Roman in 2 Bänden. M. 8,—, geb. M. 10,—.

Kurs, A. Rheinlands Sagen und Legenden. Zweite erweiterte Auflage. Mk. 4,—, geb Mk. 5,—.

Langen, M. Gedichte. 2. verm. Aufl. Mk. 2,—, geb. M. 3,—.
— Ein Anderer. Roman. Mk. 2,—, geb. M. 3,—.

Lauff, Josef. Jan van Calker. Ein Lied vom Niederrhein. 2. Auflage. Mk. 4,—, geb. Mk. 5,—.
— Der Helfensteiner. Ein Sang aus dem Bauernkriege. 3. Aufl. Mk. 4,—, geb. Mk. 5,—.
— Die Overstolzin. Ein Lied aus verklungenen Tagen. 3. Aufl. Mk. 4,—, geb. Mk. 5,—.
— Die Hexe. Eine Regensburger Geschichte aus dem sechzehnten Jahrhundert. 4. Aufl. Mk. 5,—, geb. Mk. 6,—.
— Klaus Störtebecker. Ein Norderlied. 3. Aufl. Mk. 4,—, geb. Mk. 5,—.

Verlag von Albert Ahn, Berlin, Köln, Leipzig.

Lauff, Josef. Regina Coeli. Eine Geschichte a. d. Abfall der Niederlande. Roman. 2 Bde., 3. Aufl. Mk. 8, geb. Mk. 10.
— Die Hauptmannsfrau. Ein Totentanz a. d. 16. Jahrhundert. Roman. Mit dem Bildnis des Verfassers. Original-Radierung. 4. Aufl. Mk. 6,—, geb. Mk. 7,—.
— Der Mönch von Sankt Sebald. Eine Nürnberger Geschichte a. d. Reformationszeit. Roman. 5. Aufl. M. 6, geb. M. 7.
— Herodias. Mit Buchschmuck v. O. Eckmann. geb. M. 10,—.
— Lauf' ins Land. Lieder mit farb. Deckelzeichnung von O. Eckmann. M. 2,—.
— Inez de Castro. Trauerspiel in 5 Aufzügen. 3. Aufl. Mk. 2.

Maarten Maartens. Gottes Narr. Eine Koopstader Geschichte. Roman in drei Teilen. Mit dem Bildnis des Verfassers. Original-Radierung. M. 5.—, geb. M. 6,—.
— Joost Avelinghs Schuld. Eine holländische Geschichte. Roman in zwei Teilen. Mk. 5,—, geb. Mk. 6,—.
— Die Liebe eines alten Mädchens. Roman in zwei Teilen. M. 5,—, geb. M. 6,—.

Memoiren-Bibliothek. 12 Bde. Napoleon I. und sein Hof, Fürst Talleyrand, Napoleon III. und sein Hof. Jeder Band Mk. 6,—, geb. Mk. 8,—.

Olinda, Alexander. Die weiße Rose. Historischer Roman aus der Jugendzeit Kaiser Wilhelms I. M. 4, geb. M. 5.

Perfall, Karl von. Vornehme Geister. Roman in zwei Teilen. 2. Aufl. Mk. 4,—, geb. Mk. 5,—.
— Die Langsteiner. Roman. 2 Bände in einem Band. 2. Aufl. Mk. 4,—, geb. Mk. 5,—.
— Vicomte Bossu. Novelle. 2. Aufl. Mk. 3,—, geb. Mk. 4,—.
— Die Heirat des Herrn von Rabenau. Novelle. 2. Aufl. Mk. 3,—, geb. Mk. 4,—.
— Ein Verhältnis. Roman. Mit einer Vorrede „Bemerkungen über das erotische Problem". 7. Aufl. Mk. 4,—, geb Mk. 5,—.
— Die fromme Witwe. Roman. 4. Aufl. M. 4, geb. Mk. 5.
— Natürliche Liebe. Roman. 5. Aufl. M. 4, geb. Mk. 5.
— Verlorenes Eden — Heiliger Gral. Roman. 3. Bde. Mit dem Bildnis des Verfassers. Original-Radierung von Professor Arthur Kampf. Mk. 9,—, geb. Mk. 12,—.
— Das Königsliebchen. Roman. 3. Aufl. M. 4, geb. M. 5.
— Wanda. Schauspiel. Mk. 1,50.

Polko, Elise. Hell und Dunkel. Neue Novellen. Mk. 4,—, geb. Mk. 5,—.

Rehorn, Karl. Der deutsche Roman. Geschichtliche Rückblicke und kritische Streiflichter. Mk. 4,—, geb. Mk. 5,—.

Weber, F. W. Marienblumen. 2. Aufl. M. 2,60, geb. M. 3.

Wette, Hermann. Westfälische Gedichte. Mit dem Bildnis des Verfassers. 2. verm. Aufl. Mk. 1,—, geb. Mk. 1,50.